TÄUFERISCHES LEBEN IN BAYERN

TÄUFERISCHES LEBEN IN BAYERN

Eine Spurensuche

Im Auftrag der Evangelisch-Lutherischen
Kirche in Bayern
herausgegeben von Nicole Grochowina
und Astrid von Schlachta

EVANGELISCHE VERLAGSANSTALT
Leipzig

Bibliographische Information der Deutschen Nationalbibliothek:
Die Deutsche Nationalbibliothek verzeichnet diese Publikation in der
Deutschen Nationalbibliographie; detaillierte bibliographische Daten
sind im Internet über http://dnb.dnb.de abrufbar.

© 2023 by Evangelische Verlagsanstalt GmbH · Leipzig
Printed in Germany

Das Werk einschließlich aller seiner Teile ist urheberrechtlich geschützt.
Jede Verwertung außerhalb der Grenzen des Urheberrechtsgesetzes ist
ohne Zustimmung des Verlags unzulässig und strafbar. Das gilt
insbesondere für Vervielfältigungen, Übersetzungen, Mikroverfilmungen
und die Einspeicherung und Verarbeitung in elektronischen Systemen.

Das Buch wurde auf alterungsbeständigem Papier gedruckt.

Gesamtgestaltung: Mario Moths, Marl
Druck und Binden: BELTZ Grafische Betriebe GmbH, Bad Langensalza

ISBN 978-3-374-07213-2 // eISBN (PDF) 978-3-374-07214-9
www.eva-leipzig.de

INHALT

Nicole Grochowina, Astrid von Schlachta
Einleitung 9

TÄUFERISCHE IDENTITÄTEN /

Astrid von Schlachta
Einblick in täuferische Identitäten 12

Astrid von Schlachta
Täufer in Bayern – regionale Verteilung 18

Stefan Dieter
Täufer in Kaufbeuren 23

Nicole Grochowina
Von der „Schwertmission" – Hans Hut,
ein Täufer in Augsburg 32

Quelle 1: Mennonitische Wehrlosigkeit (um 1950) 40

Astrid von Schlachta
Die Hutterer in Mähren – Missionsarbeit
in Bayern 42

Quelle 2: Brief aus Bayern nach
„Ober-Canada" (1840) 48

POLITIK, OBRIGKEITEN UND TÄUFER /

Astrid von Schlachta
Politik, Obrigkeiten und Täufer 50

Nicole Grochowina
Martyrium der Täufer 56

Bild 1: Märtyrer-Spiegel (Hinrichtung 1550) 58

Quelle 3: Landgebot der Herzöge von
Bayern (1527) 59

Quelle 4: Gutachten der Nürnberger
Gelehrten (1531) 60

Nicole Grochowina
Das Markgrafentum Brandenburg-
Kulmbach – und seine Täufer 61

Quelle 5: Bayernlied (1585) 70

Jonathan Reinert
Balthasar Hubmaier und die Vertreibung
der Juden aus Regensburg 74

Bild 2: Balthasar Hubmaier 81

Quelle 6: Schuldbekenntnis der Helena von
Freyberg (Augsburg) 82

Quelle 7: Verhörprotokoll der Ursula von Staudach
(Kaufbeuren) 84

Astrid von Schlachta
Gemeindetag in Regensburg (1938) 85

Quelle 8: Tagebuch der Elisabeth Horsch
(1938-1941) 88

EIN- UND AUSWANDERUNG

Hermann Hage
Die mennonitische Gemeinde im Herzogtum
Sachsen-Meiningen und in Franken 92

Hermann Hage
Amische Mennoniten in Bayern 101

Bild 3: Amische in Bayern: Hochstettler und Schantz ..110

Quelle 9: Amische Mennoniten (um 1950) 111

Herbert Holly
Täufer im Donaumoos 113

Bild 4: Hellmannsberg und Friedhof Eichstock 119

Quelle 10: Mennoniten in Neuburg (1842) 120

Hermann Hage
Die bayerischen Amischen und die Meidung 122

John D. Roth
Christian Krehbiel (1832–1909) 126

Quelle 11: Johann Eysvogels Vorwürfe an die
Täufer (Ingolstadt 1585) 133

MENNONITEN UNTERWEGS MIT ANDEREN: DIAKONIE UND ÖKUMENE

Christoph Landes
Das Mennonitische Hilfswerk 136

Kurt Kerber
Diakonie und soziales Engagement 141

Bild 5: Mennonitische Diakonisse 150

Rainer W. Burkart, Michael Martin
Versöhnung 2010 – ein offener Prozess 151

Lutz Heidebrecht
Reformationsgedenken 2017 – Reflexionen 159

Maria Stettner
Gemeinsam weitergehen 162

Zu den Autorinnen und Autoren 168

Nicole Grochowina, Astrid von Schlachta

TÄUFERISCHES LEBEN IN BAYERN

Täuferisches Leben in Bayern erstreckt sich über Jahrhunderte – und es war und ist vielfältig in seinen unterschiedlichen Ausprägungen, Theologien und Frömmigkeitspraktiken. Amische, Mennoniten, Hutterer und andere Gruppen gehörten und gehören zu Bayern; sie wurden ins Land gerufen, um dieses zu besiedeln und zu bewirtschaften – sie wurden aber auch als „Wiedertäufer" gebrandmarkt, verfolgt und vertrieben. Diese wechselvolle Geschichte täuferischen Lebens in Bayern, die zwischen Verfolgung und Akzeptanz, zwischen Auseinandersetzung und Versöhnung, zwischen Abgrenzung und Ökumene changiert, wird hier erstmalig mit dem Blick von der Reformationszeit bis zur Gegenwart akzentuiert. Texte und Beschreibungen verorten das täuferische Leben in den verschiedenen Epochen der Geschichte mit ihren jeweiligen Rahmenbedingungen. Im Vordergrund steht die Frage nach der täuferischen Identität und damit nach unterschiedlichen Elementen der Theologie, die im Kontext von Gütergemeinschaft, Wehrlosigkeit, aber auch von Schwertmission verortet wird. Hinzu kommt der Blick auf das Verhältnis zwischen Staat und Täufern/ Mennoniten /Amischen, das durch die Jahrhunderte von Verfolgung, Werbung, Loyalität und

Abgrenzung geprägt war. Vor diesem Hintergrund liegt ein besonderer Fokus auf den Bewegungen der Ein- und Auswanderung – in Moosgebiete zwischen Ingolstadt und München und hinaus in die Welt, beispielsweise in die Vereinigten Staaten von Amerika. Und schließlich wird täuferisches Leben in Bayern auch in der Weggemeinschaft mit anderen Menschen und Konfessionen verortet: in der Diakonie und nicht zuletzt in der Ökumene. Letztere hat 2010 ein Versöhnungsgeschehen erlebt, das bis heute Auswirkungen hat und zugleich eine Verpflichtung ist, den gemeinsamen Weg gleichberechtigt und im Respekt vor dem jeweils anderen Glauben fortzusetzen.

Neben den Texten und Beschreibungen finden sich in diesem Band zahlreiche Quellen aus unterschiedlichen Jahrhunderten. Sie beleuchten einzelne Elemente täuferischen Lebens in Bayern, wenn sie etwa von Gemeindestrukturen, Erfahrungen bei der Auswanderung, aber auch von Verfolgung, dem Nachdenken über Wehrlosigkeit sowie von Einschätzungen zum NS-Regime erzählen. So ergibt sich am Ende ein facettenreiches Bild, das nicht zuletzt im Zugehen auf das täuferische Gedenken im Jahr 2025 zu weiteren Gesprächen und Begegnungen einlädt.

Die Herausgeberinnen danken allen Autor:innen, die zu diesem Band beigetragen haben und damit besondere Perspektiven auf das täuferische Leben in Bayern – bisweilen auch zum ersten Mal – der Öffentlichkeit zugänglich machen. Ebenso ist der Horsch-Stiftung und der Evangelisch-Lutherischen Kirche in Bayern zu danken, die den Druck dieses Bandes ermöglicht haben.

Sr. Nicole Grochowina, Astrid von Schlachta
April 2023

TÄUFERISCHE IDENTITÄTEN

Astrid von Schlachta

EINBLICKE IN TÄUFERISCHE IDENTITÄTEN

Täuferisches Leben wies im 16. Jahrhundert eine Bandbreite an gepredigten Botschaften und geglaubten Überzeugungen auf. Auch in Bayern reichte das Spektrum von Gruppen, die geistlich erfüllt waren und zum Spiritualismus tendierten, bis hin zu hutterischen Sendboten, die für die Auswanderung nach Mähren warben, wo die Gemeinden eine durch Ordnungen geregelte Gütergemeinschaft praktizierten. Alle waren in den Augen der Obrigkeiten jedoch „Wiedertäufer", was ihren Nonkonformismus beschrieb und ihre Stigmatisierung begründete. Im Begriff „Wiedertäufer", von außen auf die Täufer übertragen, schwang stets mit, dass die so Bezeichneten eine Gesellschaft destabilisierten und sich im Extremfall gegen die Obrigkeiten erheben würden.

Taufe, Abendmahl und Bund

Namensgebend für die Täufer wurde ihre Überzeugung, dass ein Mensch erst getauft werden sollte, wenn er sich aus freiem Willen dafür entscheiden und ein Bekenntnis auf seinen Glauben ablegen könne.[1] Ein zweites wichti-

---

1 Generell zu den Täufern: Astrid von Schlachta: Täufer. Von der Reformation ins 21. Jahrhundert. Tübingen 2020; Andrea Strübind: Eifriger als Zwingli. Die frühe Täuferbewegung in der Schweiz. Berlin 2002; Werner O. Packull:

ges täuferisches Thema war das Abendmahlsverständnis, das vor allem als Gemeinschaftsmahl gesehen wurde. Täuferische Gefangene, wie etwa der Ansbacher Täufer Ulrich Gemmelich, der 1529 verhört wurde, betonten in ihren Verhören stets, Jesu Blut und Leib seien nicht in Wein und Brot. Zwar würde er glauben, so Gemmelich, dass er, wenn er vom Brot esse, den „waren leib Christi" esse, und wenn er vom Kelch trinke, das „recht und war plut Christi" empfange. Dass jedoch „leib und plut Christi leiblich und wesentlich under dem prot und wein seien", dies könne er als „handwerksman nit bekennen, dann die hochverstendigsten diz stücks irrig wern".[2]

Taufhandlungen selbst dürften zunächst wohl wenig ritualisiert gewesen sein, sondern fanden nach Gegebenheit und Notwendigkeit statt. In einem frühen Verhör von Erlanger Täufern heißt es, man sei zu einem fließenden Wasser gegangen, habe mit einem Hut Wasser geschöpft und die anderen damit begossen.[3]

Außerdem beeinflussten in den 1520er Jahren vor allem die endzeitlich-eschatologischen Aussagen Hans Huts die Glaubensüberzeugungen der Täufer in Bayern. Es waren wohl zunächst ehemalige Bauernkrieger, die sich nach der Niederschlagung der Aufstände den täuferischen Ideen zuwandten. Insbesondere die dreijährige Leidenszeit und die Ankündigung eines Strafgerichts über „gottlose" Pfarrer und Geistliche sowie die Egalität im Reich Christi, die Hut verkündete, dürften auf Inte-

---

Die Hutterer in Tirol. Frühes Täufertum in der Schweiz, Tirol und Mähren. Innsbruck 2000.
2   Karl Schornbaum (Hrsg.): Quellen zur Geschichte der Wiedertäufer, II. Band: Markgrafentum Brandenburg (Bayern, I. Abteilung). Leipzig 1934, 164.
3   Vgl. a. a. O., 16.

resse gestoßen sein.⁴ Ideen, die wiederum auf Seiten der Obrigkeiten Ängste vor einem neuerlichen Aufstand hervorriefen. In fast keinem Verhör der späten 1520er Jahre fehlte die Frage an die Täufer, ob sie einen neuen Bund aufrichten wollten.

Nicht gerade gedämpft wurden die Ängste und Warnungen durch die Aktivitäten ehemaliger Bauernkrieger oder als „verdächtig" eingestufter Prediger. So sorgte der Aufenthalt des aus Zwickau stammenden Nicolaus Storch Ende 1524 in Hof für Unruhe.⁵ Storch predigte, taufte wohl auch und hinterließ Anhänger wie den Hofer Bürger Hans Lew, der nach Storchs Weggang dafür sorgte, dass die Täuferbewegung weiter wuchs. In den Chroniken heißt es im zeitgenössisch üblichen Duktus, er habe vor großen Versammlungen gepredigt, das Wort Gottes „gut schwermerisch ausgelegt" und gleichzeitig vom Glauben „wunderlich und unschiedlich" sowie „seltzam und undeutlich geredet".⁶

Die politischen Artikel der Täufer

Die Täufer forderten eine Trennung der christlichen Gemeinde von Staat und Obrigkeit und somit eine strikte Einhaltung der Zwei-Reiche-Lehre. Allen immer wieder geäußerten Vorwürfen, sie würden Aufruhr und Aufstand planen, zum Trotz, stimmten sie klar Römer 13,1–4 zu, dass ein Christ die Obrigkeit als von Gott eingesetzt

---

4   Gottfried Seebaß: Bauerntum und Täufertum in Franken, in: ZKG 85 (1974), 140–157, hier: 155.
5   Vgl. Thomas Kaufmann: „Zwickauer Propheten" und sächsische Radikale. Eine quellen- und traditionskritische Untersuchung zu einer komplexen Konstellation. Mühlhausen 2010.
6   Bericht des Chronisten Enoch Widmann, in: Karl Schornbaum (Hrsg.): Quellen, 4–10.

anzuerkennen habe; sie habe die Guten zu schützen und die Bösen zu strafen. Hier unterschieden sich die Täufer nicht von den übrigen Reformatoren. Doch gingen die Täufer in ihrem Verhältnis zu Obrigkeit und Gesellschaft noch einige Schritte weiter. So verweigerten sie den Griff zu den Waffen und leisteten keine Eide, was dazu führte, dass sie als Gefahr für die Gesellschaft wahrgenommen wurden. Denn damit weigerten sich die Täufer, die für Untertanen in der Frühen Neuzeit verpflichtenden Wehr- und Waffendienste sowie Wachdienste in den Städten zu übernehmen. Die Ablehnung, Eide zu leisten, wurde den Täufern ebenfalls als Illoyalität gegenüber den politischen Obrigkeiten ausgelegt.

Die politische Brisanz der täuferischen Glaubensauffassungen reflektierend, fehlte in fast keinem Verhör die Beteuerung, dass man der weltlichen Obrigkeit gegenüber gehorsam sei. So gibt Conz Beck, der 1528 im nördlich von Erlangen gelegenen Baiersdorf verhört wurde, zu Protokoll, er sei gelehrt worden, der Obrigkeit das zu geben, was man ihr schuldig sei. Fordere sie eine „patzen", so solle man ihr zwei geben.[7] Ambrosius Spitelmeier indes begründete in seinem Verhör in Nürnberg die Friedfertigkeit der Täufer mit der Tatsache, dass die „wahren Christen" weder Obrigkeit noch Schwert oder Gewalt bedürften, denn – er verweist auf Matth. 11 – sie seien sanftmütig und von Herzen demütig.[8] Andererseits bewirkte die Verfolgungssituation bei den frühen Täufern die innere Abkehr von der „Welt" – und sie lieferte auch die Begründung dafür, warum es in der Welt doch

---

7 Karl Schornbaum (Hrsg.): Quellen, 79.
8 A. a. O., 52.

das Schwert brauche. Spitelmeier erklärt, ein „rechter christ kan kain rue hie haben", denn „die gerechtikait kan hie in diesem reich nit zu frid pleiben". Es müsse „kurz gelitten sein, es sei hie oder dort, wir miessen purgiert [= läutern, reinigen, v.S.] wern in wasser oder feur". Weil „rechte Christen" in der aktuellen Situation wie die Jünger Jesu „immerzue von ainer stat in die ander verjagt und getrieben werden", habe Christus zu seinen Jüngern gesagt, er sei nicht gekommen Frieden zu senden, sondern das Schwert.[9]

Sowohl in Bayern, aber auch generell im Alten Reich tauchten unter den Täufern durchaus differenzierte Vorstellungen darüber auf, was das Verhältnis zu den Obrigkeiten betraf und was konkret unter „Gewaltfreiheit" verstanden wurde. So vertrat etwa Pilgram Marpeck, der als Verantwortlicher für die städtische Holz- und Wasserversorgung gut in die bürgerliche Gesellschaft Augsburg integriert war, die Auffassung, ein Täufer könne einen Eid leisten, wenn dieser für das bürgerliche Leben notwendig sei. Und Hans Nadler sagte 1529 in Erlangen aus, es werde zwar gepredigt, die Schwerter und die Wehr niederzulegen, aber dies sei „kein sazung" – es möge einer Schwerter und Wehr tragen oder nicht.[10]

Priestertum aller Glaubenden
In den täuferischen Gemeinden wurde ein entschiedenes Laienpriestertum gepflegt. Gemeinschaftlich lasen Männer und Frauen in der Bibel und legten das Gelesene aus. Gebete, das Singen der Psalmen und die Feier

---

9   A. a. O., 54.
10 A. a. O.,136.

des Abendmahls waren ebenfalls Bestandteil der Versammlungen. Wie spontan die Versammlungen waren und wie wesentlich die Bibelauslegung war, verdeutlicht die Aussage des Erlanger Täufers Ulle Nadler. Als er bei einem anderen Täufer zu Besuch war, sei eine Frau mit einem Knaben hereingekommen, die ein Buch mitbrachten. Der Knabe habe aus dem Buch, wohl ein Evangelienbuch, gelesen, und immer wenn er einen Artikel fertig hatte, steckten Hans Nadler und die Frau die Köpfe zusammen und „disputireten dorauf und legtens aus".[11] Ambrosius Spittelmeier gab in seinem Verhör zu Protokoll, sie hätten „kein obersten" unter ihnen, sondern wenn sie zusammenkämen in einem Haus, im Garten oder im Wald, würden sie nur „von dem wort gottes" reden und „einer den andern bruderlich" unterweisen.[12]

---

11 A. a. O., 17.
12 A. a. O., 27f.

Astrid von Schlachta

TÄUFER IN BAYERN – REGIONALE VERBREITUNG

In nahezu allen Regionen Bayerns bildeten sich im frühen 16. Jahrhundert täuferische Versammlungen, die von ihrer Ausrichtung her jedoch durchaus vielfältig waren. Ganz grob kann eine Unterteilung vorgenommen werden in eine frühe Zeit, die durch das Wirken und die Lehren des fränkischen Täufers Hans Hut geprägt war, und in eine spätere Zeit, in der die missionarischen Aktivitäten der Hutterer das Bild der bayerischen Täuferbewegung bestimmten. Hinzu kamen einige kleinere Gruppen wie die Philipper, deren Spuren sich immer wieder finden lassen, sowie spiritualistischere Täufer, etwa die sogenannten „Träumer" um Hans Schmid und Claus Frey in Uttenreuth.

In den Anfängen der täuferischen Bewegung ist in Bayern Hans Hut der einflussreichste Prediger. In Haina, im nördlichen Grabfeld, geboren, hatte sich Hans Hut zunächst im Umfeld von Thomas Müntzer für die Anliegen der Bauern eingesetzt. Damit muss sich der Blick auf die frühen Täufer in Bayern zunächst insbesondere auf die Beziehungen zum Bauernkrieg fokussieren.[1]

---

1 Generell: Hans-Dieter Schmid: Nürnberg und Obrigkeit in Nürnberg. Nürnberg 1972; Hermann Nestler: Die Wiedertäuferbewegung in Regensburg. Regensburg 1926; Hans Rössler: Wiedertäufer in und aus München 1527–

Die Quellen bringen die Namen zahlreicher Personen ans Tageslicht, die an verschiedenen Aufständen und Aktionen der Bauern teilgenommen hatten und später im Umfeld der Täufer auftauchen. Meist lebten sie als Vertriebene in anderen Teilen des Landes, da sie wegen ihrer Beteiligung am Bauernaufstand nicht mehr in ihre Heimat zurückkehren konnten. Dies machte sie vielleicht auch offen für neue Ideen.

Verfolgt man die Linie des Hut'schen Einflusses, so zieht diese sich von Königsberg, der kursächsischen Enklave in Franken, über Erlangen bis in die direkte Umgebung von Nürnberg. Hier tauchten die ehemaligen Bauernkrieger Georg Volk und Philipp Tuchscherer aus Windsheim, Hans Beck aus Rosenbach, Hans Gruber vom Eggenhof in Uttenreuth sowie die Brüder Maier aus Alterlangen und Lorenz Veit aus Sternberg auf.[2] Darüber hinaus reichte der Einfluss Hans Huts bis nach Augsburg und Schwaben.

Auf seinen Reisen als Buchführer machte Hans Hut auch in Nürnberg Station; er hielt sich 1524 in der Stadt auf und traf hier mit Thomas Müntzer zusammen. In dieser Zeit gab es in Nürnberg eine starke Gruppe, die den Gottesdienst nach dem Muster der Deutschen Messe von Thomas Müntzer reformieren wollte; sie konnte sich jedoch gegenüber Predigern nicht durchsetzen, die lediglich ein paar Elemente in Deutsch in die Messe einführen wollten.[3]

    1528, in: Oberbayerisches Archiv 85, 1962, 42–58; „Bayern", in: mennlex, URL: https://www.mennlex.de/doku.php?id=loc:bayern [6. April 2023].

2   Gottfried Seebaß: Bauerntum und Täufertum in Franken, in: ZKG 85 (1974) 140–157, hier: 153f.

3   Hans Baring: Hans Denck und Thomas Müntzer in Nürnberg 1524, in: ARG 50 (1959), 145–181, hier: 148f.; Gottfried Seebaß: Müntzers Erbe. Werk, Leben und Theologie des Hans Hut. Gütersloh 2022, 176–181.

Auch der im Herbst 1523 auf den Posten des Rektors an der Schule an St. Sebald berufene Theologe Hans Denck gehörte zur reformfreudigeren Partei. Durch die Kontakte zu Müntzer und Hans Hut wandte Denck sich in den folgenden Monaten immer mehr vom lutherischen Gedankengut ab und öffnete sich für täuferische Ansichten. Allerdings geriet er Ende 1524 in den täuferfeindlichen Strudel, der sich im Zusammenhang mit dem Prozess gegen die drei wohl aus dem Schülerkreis Albrecht Dürers stammenden Maler Sebald und Barthel Beham sowie Georg Pencz entwickelte. Denck musste sich für seinen Glauben verantworten und wurde im Januar 1525 der Stadt Nürnberg verwiesen.[4]

Die Quellen zeigen eindrücklich, wie die Obrigkeiten der verschiedenen Regionen und Reichsstädte im konstanten Austausch über den Aufenthalt von täuferischen Predigern und die Bildung von Versammlungen blieben. Beispielhaft sei auf die Korrespondenz über die Verhaftung des von Hans Hut getauften Ambrosius Spitelmeier verwiesen, der aus Linz stammte und nach den Beschlüssen der Augsburger „Märtyrersynode" als täuferischer Prediger im Raum Erlangen aktiv war. Im September 1527 wurde er dort gefangengenommen. Da fast zeitgleich auch Hans Hut in Augsburg inhaftiert wurde, entfaltete sich eine äußerst intensive Korrespondenz, um Reaktionen zu diskutieren.

In Nürnberg, aber auch in Augsburg setzte sich in der zweiten Hälfte der 1520er Jahre schließlich ein milderer Umgang mit den Täufern durch, der vor allem von entsprechenden Gutachten und Ratschlägen der Geist-

---

4 Vgl. a. a. O., 155–175.

lichen bestimmt wurde.[5] Allerdings schloss dieser Kurs zeitweise härtere Aktionen des Stadtrats gegen die Täufer nicht aus. So spitzte sich die Situation in Augsburg ab dem Jahr 1527 wieder zu, da die Zahl der Täufer rasch anstieg und insbesondere der von Hans Hut errechnete Termin für die Wiederkunft Jesu Christi, Pfingsten 1528, näher rückte.[6] Hans Denck war 1526 in die Freie Reichsstadt gekommen und hatte im Mai des Jahres Hans Hut getauft. Die sich um Denck und Hut bildende Täufergemeinde wuchs zahlenmäßig bis zum Frühjahr 1528 und verteilte sich auf verschiedene Häuser. Im August 1527 hielten sich dann zahlreiche täuferische Prediger in Augsburg auf, um bei der sogenannten „Märtyrersynode" darüber zu entscheiden, in welchen Regionen wer den täuferischen Glauben predigen sollte. Die Aktivität der Täufer veranschaulicht auch eine Aussage der Täuferin Anna Butzin aus Augsburg, „wann man 10 menschen [aus der Stadt, v.S.] hinauss fure, kemen 30 an stat herein".[7]

Das Zitat verweist aber auch bereits darauf, dass der Wind den Täufern allmählich wieder schärfer entgegenwehte. Hans Hut wurde im September 1527 gefangengenommen und starb im Dezember desselben Jahres im Gefängnis. Georg Nespitzer aus Passau versuchte nach dem Tod von Hans Hut, die Augsburger Täufer organisatorisch zu begleiten. Die Stimmung in der Stadt dürfte sich jedoch immer stärker aufgeheizt haben, da

---

5 Vgl. hierzu aus diesem Band den Beitrag zum Markgrafentum Ansbach-Kulmbach sowie die Quelle zu den Voten aus Nürnberg.
6 Hans Guderian: Die Täufer in Augsburg, Pfaffenhofen 1984, 34–40, 75–79.
7 Zit. nach: Friedrich Roth: Augsburgs Reformationsgeschichte. München 1901, 40.

die von Hans Hut errechnete Wiederkunft Jesu Christi näher rückte. Die Obrigkeiten waren entsprechend alarmiert, so dass es zu zahlreichen Verhaftungen und zur Sprengung von Versammlungen kam. So wurden beispielsweise am 12. April 1528 im Haus des Bildhauers Hans Adolf Daucher 88 Personen verhaftet. Auch Georg Nespitzer war darunter, der, ebenso wie alle anderen auswärtigen Täufer, am kommenden Tag der Stadt Augsburg verwiesen wurde.

In den 1530er Jahren konnten sich in Augsburg jedoch wieder täuferische Gemeinden bilden, deren Mittelpunkt der aus Tirol nach Augsburg gezogene Pilgram Marpeck wurde. Der Zuzug weiterer Verfolgter aus anderen Regionen lässt darauf schließen, dass die Obrigkeiten erneut eine tolerantere Politik verfolgten. Personen wie Pilgram Marpeck stehen allerdings dafür, dass wohl auch die Täufer fortan eine etwas moderatere Haltung einnahmen. Auch in den anderen Städten tauchten immer wieder Täufer auf. Regensburg und Nürnberg wurden zum Durchzugsort für Täufer, die nach Mähren reisten beziehungsweise aus Mähren kamen. Und Passau hat bis heute einen Platz in der täuferischen Erinnerungskultur, da die Lieder der dort in den 1530er Jahren gefangenen Täufer Eingang in das erste täuferische Gesangbuch, den „Ausbund", fanden.

Stefan Dieter

TÄUFER IN KAUFBEUREN

Entstehungsbedingungen

Am 13. Mai 1528 kam es vor dem Kaufbeurer Rathaus zu einem denkwürdigen Schauspiel: Fünf Männer wurden auf Geheiß des Rates enthauptet und etwa 30 Personen beiderlei Geschlechts wurden teils gefoltert, teils aus der Stadt gepeitscht. Ihr „Vergehen": Sie waren bekennende Anhänger der Täuferbewegung.[1] Doch wie war es zur täuferischen Gemeindebildung in Kaufbeuren gekommen?

Bei einem Religionsgespräch im Jahr 1525 konnte sich die reformationsfreundliche Partei zwar durchsetzen, der Rat wagte sich aber nicht an die konsequente Durchführung derer Ziele. Als wenig später im Zusammenhang mit den Bauernunruhen Truppen des Schwäbischen Bundes in Kaufbeuren einrückten, nutzte der Bürgermeister die Gelegenheit, um gegen die Vertreter der Reformation vorzugehen – mit der Folge, dass sich einige ihrer Anhänger radikalisierten und sich den Täufern anschlossen.[2]

---

1 Vgl. Thomas Pfundner: Reformation in Kaufbeuren, in: Stefan Fischer (Hrsg.): Kaufbeuren. Anfänge, Umbrüche, Traditionen. 900 Jahre Stadtgeschichte 1116–2016. Neustadt/A. 2016, 117–149, hier: 142.
2 Vgl. Stefan Dieter: Die Reichsstadt Kaufbeuren in der frühen Neuzeit. Studien zur Wirtschafts-, Sozial-, Kirchen- und Bevölkerungsgeschichte. Thalhofen 2000, 60f. Vgl. auch Astrid von Schlachta: Täufer. Von der Reformation ins 21. Jahrhundert. Tübingen 2020.

Damit gilt auch für Kaufbeuren, was die Forschung für andere Territorien und Städte mit nennenswerten Täufergemeinden als wichtige Ursachen für die Verbreitung ihrer Lehren ausmachen konnte: zum einen ein hohes Maß an religiöser Unsicherheit, weil die reformatorische Botschaft von der Bevölkerung zwar rezipiert wurde, sich jedoch gegenüber einer romtreuen Obrigkeit nicht durchsetzen konnte, und zum anderen das Fehlen einer Führungspersönlichkeit, die die im Ansatz begonnenen reformatorischen Änderungen konsequent weiterführen und so eine Radikalisierung hätte verhindern können. Entsprechend gestaltete sich die weitere Entwicklung: Nach außen verfolgte die Reichsstadt einen streng reformationsfeindlichen Kurs, nach innen wurden vielfältige Brüche sichtbar – Missstände auf kirchlichem Gebiet konnten nicht abgestellt werden und allmählich rückten reformationsfreundliche Männer in politische Führungsämter auf. Gleichzeitig bildete sich im Untergrund eine Täufergemeinde.[3]

Hans Staudach – ein Kaufbeurer Täufer

Von den Lebensläufen der meisten Mitglieder der Kaufbeurer Täufergemeinde ist kaum etwas bekannt. Anders verhält es sich mit Hans Staudach, der wohl in den ersten Jahren des 16. Jahrhunderts geboren und 1546 in Wien hingerichtet wurde. Um 1528 ließ er sich taufen und geriet offenbar gleich in die Verfolgungswelle vom Mai dieses Jahres. Wahrscheinlich gehörte auch Hans Staudach zu den Vertriebenen. Zwischen 1535 und 1538 kehrte er in seine Heimatstadt zurück

---

3 Vgl. Stefan Dieter: Reichsstadt, 61.

und gründete eine den Schein wahrende bürgerliche Existenz: Der Hochzeit mit Ursula Bremauer folgte der Kauf eines Hauses in guter Lage und schließlich um 1542 die Geburt des Sohnes Hans, der die Säuglingstaufe empfing.[4]

Die Kaufbeurer Täufergemeinde 1525 bis 1545

Die ältere Täufergemeinde existierte bis zur Verfolgung von 1528 und umfasste etwa 20 bis 40 Personen. Danach bildete sich die jüngere Gemeinde, der mindestens 45, höchstens aber 90 Personen angehörten.[5] Bei einer Gesamtbevölkerung Kaufbeurens in der Mitte des 16. Jahrhunderts von etwa 2.700 Personen machten die Mitglieder der jüngeren Täufergemeinde zwischen 1,5% und 3,5% der Einwohnerschaft aus. Ihr prozentualer Anteil war damit relativ groß – größer noch als in Augsburg, das als Hochburg des Täufertums gilt.[6] Aufgrund der Wohnlagen lassen sich Angaben zur sozialen Schichtung machen: Die Hälfte der Kaufbeurer Täufer lebte in Straßenzügen, in denen begüterte oder durchschnittlich wohlhabende Personen zu Hause waren, ein Drittel war in ärmeren Gassen ansässig und ein Fünftel in Straßenzügen, zu denen keine Angaben möglich sind.[7] Diese recht ausgewogene Struktur spiegelt sich auch in der Zugehörigkeit zu verschiedenen Berufsgruppen wider:

---

4 Vgl. Stefan Dieter: „Doch so weiß ich, das der Herr alle Ding in seiner Handt hat". Das Leben und die Lieder des Kaufbeurer Täufers Hans Staudach, in: Die heilige Crescentia von Kaufbeuren im Spiegel der ersten Befragung durch Eusebius Amort und Giovanni Battista Bassi im Jahr 1744. Thalhofen 2001, 124–143, hier: 128–130.
5 Vgl. Stefan Dieter: Reichsstadt, 74f.
6 Vgl. a. a. O., 76f.
7 Vgl. a. a. O., 82f.

Knapp die Hälfte gehörte wohlhabenderen Berufen an, etwas mehr als die Hälfte übte Tätigkeiten aus, die weniger gut situiert waren.[8] Das Täufertum war hier also keine vorrangige Angelegenheit der Unter- und unteren Mittelschicht, seine Anhänger stammten vielmehr zum großen Teil aus der Handwerkerschicht, rund die Hälfte ist als durchaus wohlhabend einzustufen. Für diese Einordnung spricht auch der Umstand, dass etwa ein Fünftel der Kaufbeurer Täufer familiäre Beziehungen zu Oberschichtsangehörigen hatte, wozu Mitglieder des Rats oder andere Amtsträger zu zählen sind.[9]

Hans Staudach kann dabei als typischer Vertreter der jüngeren Täufergemeinde gelten: Als Bäcker gehörte er einer sozial und wirtschaftlich wohlsituierten Berufsgruppe an, sein Haus lag in der Nähe des Rathauses und war 400fl wert, zweieinhalb Mal so viel wie der durchschnittliche Hauspreis in Kaufbeuren in jener Zeit. Darüber hinaus hatte er über seinen Vetter Franz Staudach, der mehrere politische und sozial-karitative Ämter innehatte, verwandtschaftliche Verbindungen zur Oberschicht.[10]

Die theologischen Vorstellungen der Kaufbeurer Täufer war stark von Augsburg her beeinflusst: Von dort kamen 1528 und um 1545 Vorsteher, um ihre Glaubensgeschwister zu unterweisen. Vermutlich erfolgte auch eine Beeinflussung durch die hutterischen Gemeinschaften in Mähren, die seit Ende der 1530er Jahre im südwestdeutschen Raum missionierten.[11]

---

8 Vgl. a. a. O., 79–82.
9 Vgl. a. a. O., 83f.
10 Vgl. Stefan Dieter: „Doch so weiß ich ...", 126 und 130.
11 Vgl. Stefan Dieter: Reichsstadt, 64.

Wie andere Täufer auch lehnte die Kaufbeurer Gemeinde die Säuglingstaufe ab und verlangte von ihren Mitgliedern eine gewissenhafte Prüfung, ob man zur Taufe bereit sei.[12] So heißt es im Verhörprotokoll einer 1545 verhafteten Kaufbeurer Täuferin: „Sagt, si sei zu der Widertauf nit geschickt, es fehl ihr noch viel."[13] Auch das im selben Jahr geborene zweite Kind Hans Staudachs namens Anna wurde nicht getauft, was als eindeutiges Bekenntniszeichen der Eltern gewertet werden muss.[14] Hinsichtlich des Abendmahlsverständnisses pflegte die Gemeinde eine rein symbolische Anschauung, auch dies typisch für die Täufer.[15] Schließlich war für die Kaufbeurer Täufergemeinde ein strenger Biblizismus kennzeichnend, der u. a. in einer Wörtlichnahme der Bibel bestand. Ausdruck fand dies etwa im Bestreben, wie die Jerusalemer Urgemeinde ein Leben in Gütergemeinschaft zu führen.[16]

Da die Täufer überall verfolgt wurden, fand ihr Gemeindeleben im Geheimen statt, etwa in den Wäldern vor der Stadt oder in Privathäusern. Mehrmals kamen von auswärts Prediger, in der Regel aus Augsburg. Teile der Stadtbevölkerung zeigten sich diesen interessiert gegenüber, wie die Täuferin Katharina Losch 1545 zu Protokoll gab: „[U]ngeferlich bei eim halben Jahr sennd etlich täufer [...] außer Khauffpeyrn in einem Wald gelegen. Daselbst [hat] Feuerbach als ein Vorsteher gepre-

---

12 Vgl. a. a. O., 67f.
13 Karl Schornbaum (Hrsg.): Quellen zur Geschichte der Täufer, Bd. 5, Abt. 2. Gütersloh 1951, 150.
14 Vgl. Stefan Dieter: „Doch so weiß ich ...", 130.
15 Vgl. Stefan Dieter: Reichsstadt, 73.
16 Vgl. Karl Schornbaum (Hrsg.): Quellen, 139.

digt, dartzue viel volks und sy etlichmal mit gangen."[17] In der Regel waren Zusammenkünfte aber eher klein: Wenn Augustin Bader berichtete, dass sich bei seinem Aufenthalt 1528 in Kaufbeuren etwa 20 Personen versammelt hatten, war dies für die hiesigen Verhältnisse ein großes Treffen.[18]

Die Täufer, der reichsstädtische Rat und Hans Staudach

Das erste Mal tauchen die Kaufbeurer Täufer in den Quellen im Zusammenhang mit den Maßnahmen des Rats von 1528 auf. Jedoch existierte die Gemeinde im Untergrund weiter und wuchs bis 1544 offenbar stark an, denn in diesem Jahr erließ der Rat ein Mandat, das die Ausweisung ihrer Mitglieder vorsah. Der Grund dafür ist im Verhältnis der Täufer zur Obrigkeit zu suchen: Zwar lehnten sie diese nicht grundsätzlich ab, doch besaßen deren Anordnungen für sie keine Relevanz, wussten sie sich doch ausschließlich Gottes Wort verpflichtet. Daher lehnten sie auch die Übernahme und die Erfüllung bürgerlicher Lasten und Pflichten ab, etwa den alljährlich zu leistenden Gehorsamseid. Doch an dieser Stelle musste sich der Rat unnachgiebig zeigen. So drohte den Täufern im Falle der Eidverweigerung die Aberkennung ihres Bürgerrechts und die Ausweisung.[19]

Das Kaufbeurer Täufermandat des Jahres 1544 hatte auch genau diesen Punkt zum Inhalt: Am 4. Mai 1545 wurde Hans Staudach zusammen mit acht weiteren

---

17 A. a. O., 151.
18 Vgl. Stefan Dieter: Reichsstadt, 72f.
19 Vgl. a. a. O., 60 und 69.

Personen aufs Rathaus gerufen, weil sie den Eid verweigert hatten. Dort wurden sie vor die Wahl gestellt, entweder binnen vier Tagen ihren Verpflichtungen nachzukommen oder auszuwandern.[20]

Hans Staudach gehörte zu denen, die sich zur Emigration entschlossen. Zusammen mit einigen Glaubensgeschwistern begab er sich nach Augsburg, wo bereits sein Vetter Blasius Staudach auf ihn wartete. Von dort aus sollte es über Lech und Donau bis Krems in Österreich gehen, danach über Land zur hutterischen Gemeinde im mährischen Schackwitz.[21]

In Augsburg musste Hans Staudach jedoch neun Wochen lang warten, bis seine Frau Ursula in Kaufbeuren das Kindbett verlassen konnte, in dem sie nach der Geburt ihrer Tochter Anna lag. Als es endlich so weit war, wurden ihr von Bekannten zwei Mädchen anvertraut, die ebenfalls auswandern sollten. So konnte sich schließlich Anfang Juli 1545 die Gruppe um Hans und Blasius Staudach auf den Weg machen; sie zählte inzwischen insgesamt etwa 20 Personen. Doch sie kamen nur bis Grafenwörth in Niederösterreich, wo sie am 22. Juli 1545 verhaftet und ins Gefängnis gesteckt wurden.[22]

Am 4. August 1545 wurde die Gruppe nach Wien überführt, wo die Kinder in Pflegefamilien gegeben wurden und die Erwachsenen in den Kerker kamen. Dabei mussten sie mehrfach Verhöre über sich ergehen lassen.[23] Die dabei angefertigte Protokolle, sogenannte „Urgichten", wurden in Kopie nach Kaufbeuren ge-

---

20 Vgl. Stefan Dieter: „Doch so weiß ich ...", 131.
21 Vgl. a. a. O., 131.
22 Vgl. a. a. O.,132.
23 Vgl. ebd.

schickt, damit der Rat in seinem Zuständigkeitsbereich nach weiteren Täufern fahnden konnte.

Hans Staudach und zwei Glaubensgeschwister mussten mehr als ein Jahr in Haft bleiben, bis sie Ende November 1546 in Wien enthauptet wurden. Im Gefängnis dichtete Hans Staudach mehrere Lieder[24] und schreib etliche Briefe an seine Frau Ursula, der es gelungen war, zur Gemeinde nach Schackwitz zu gelangen. Ihre beiden Kinder Hans und Anna kamen zu einer Pflegefamilie.[25] Das Zurücklassen der Kinder stürzte Ursula in tiefe Trauer, weshalb sie brieflich von ihrem Mann aus dem Gefängnis getröstet wurde.[26]

Das weitere Leben Ursula Staudachs bleibt im Dunkeln; in der ersten Hälfte des Jahres 1560 scheint sie verstorben zu sein. Ihre Tochter Anna heiratete 1560 nach Bruck an der Leitha, ihr Sohn Hans taucht 1568 zum letzten Mal in den Kaufbeurer Quellen auf, als der Rat ihm – offenbar anlässlich seiner Hochzeit – eine Urkunde über seine eheliche Geburt ausstellte. Danach verliert sich seine Spur.[27]

Nachwirkungen

Mit der Auswanderung der Gruppe um Hans Staudach endet die Hochphase der täuferischen Gemeindebildung in Kaufbeuren. Bis Ende des 16. Jahrhunderts kommen nur noch vereinzelt Täufer in den hiesigen Quellen vor, als Gruppe tauchen sie nicht mehr auf. Dies mag mit

---

24 Vgl. a. a. O., 137–142.
25 Vgl. a. a. O., 136.
26 Vgl. Adolf Mais: Gefängnis und Tod der in Wien hingerichteten Wiedertäufer in ihren Briefen und Liedern, in: Jahrbuch des Vereins für die Geschichte der Stadt Wien 19/20 (1963/64), 87–182, hier: 159f.
27 Vgl. Stefan Dieter: „Doch so weiß ich ...", 136f.

der offiziellen Annahme der *Confessio Augustana* durch den Kaufbeurer Rat im Jahre 1545 zusammenhängen: Die Täufer wandten sich nun entweder der lutherischen Spielart der Reformation zu, nachdem diese in Kaufbeuren erlaubt war, oder aber wanderten aus, weil der Verfolgungsdruck wuchs. Damit gleicht die Situation in Kaufbeuren der in Augsburg, wo es nach der Einführung der Reformation zwar ebenfalls noch mehrere Jahrzehnte lang Täufer gab, ihre Anzahl jedoch kontinuierlich im Absinken begriffen war.[28]

So geriet auch Hans Staudach in seiner Heimatstadt bald schon in Vergessenheit – nicht jedoch in den täuferischen Gemeinden, denn schon kurz nach seiner Hinrichtung begann die Literarisierung seines Märtyrertods: Mehrere Täuferlieder thematisieren seine Hinrichtung und die seiner Gefährten und betten sie in den Kontext von Märtyrerschicksalen aus der Bibel ein. Ihr Tod war damit ein „vorbildlicher" Opfertod, der dem Gedenken der Gemeinde anempfohlen werden konnte. Und tatsächlich wird auch heute noch des Martyriums von Hans Staudach gedacht, nämlich in den hutterischen Bruderhöfen in Nordamerika, wo die Nachfahren der Täufer des 16. Jahrhunderts leben: In Bewahrung ihres Erbes singen sie in ihren Gottesdiensten und häuslichen Andachten bis zum heutigen Tage die Lieder von und über Hans Staudach.[29]

---

28 Vgl. Stefan Dieter: Reichsstadt, 75f.
29 Vgl. Stefan Dieter: „Doch so weiß ich ...", 142f.

Nicole Grochowina

VON DER „SCHWERTMISSION" – HANS HUT, EIN TÄUFER IN AUGSBURG

Vom 20. bis zum 24. August 1527 kamen in der Freien Reichsstadt Augsburg Schweizer und süddeutsche Täufer zusammen, um eine Übereinkunft für einen gemeinsamen Weges zu erzielen.[1] Dieses Unterfangen war ambitioniert, hatten die Schweizer Täufer doch ihre Richtung im „Schleitheimer Bekenntnis" (24. Februar 1527)[2] festgehalten – und sie konnten davon ausgehen, dass dies in Augsburg nicht unwidersprochen bleiben würde. Tatsächlich gab es Widerspruch – und zwar aus dem Kreis um Hans Hut, der seit 1526 immer wieder nach Augsburg gekommen war und hier nicht nur Menschen getauft, sondern auch der täuferischen Gemeinde zu einer festeren Struktur verholfen hat.[3] Anders als die Schweizer Brüder ging er davon aus, dass das Endgericht Gottes kurz bevorstünde, datierte dies auf Pfingsten 1528 und forderte die Gemeinden

---

1 Vgl. Hans Guderian: Die Täufer in Augsburg. Ihre Geschichte und ihr Erbe. Ein Beitrag zur 200-Jahr-Feier der Stadt Augsburg. Pfaffenhofen 1984, 41; Christian Meyer: Zur Geschichte der Wiedertäufer in Oberschwaben, in: Zeitschrift des Historischen Vereins für Schwaben und Neuburg 1 (1874), 207–253.
2 Vgl. Brüderliche Vereinigung, in: Heinold Fast (Hrsg.): Ostschweiz. Zürich 1973, 26–36, Nr. 26.
3 Vgl. Hans Guderian: Täufer, 35.

dazu auf, in den Kampf gegen die vermeintlich Gottlosen zu ziehen. In Augsburg fand diese Position großen Zuspruch: Bei der Synode, die als „Märtyrersynode" in die Geschichte eingehen würde,[4] hielten sich 17 der anwesenden 33 Täufer zu Hans Hut, die übrigen teilten sich auf die Positionen der Schweizer und die Ansichten des Spiritualisten Hans Denck auf.[5] Der Kompromiss bestand schließlich darin, dass Hut fortan seine Lehre nur noch auf Anfrage weitergeben würde – davon abrücken wollte er jedoch nicht.

Was für eine Lehre war dies? Gegenüber der Obrigkeit gab sich Hut hier wortkarg, doch zeigen Verhörprotokolle und Urfehden ebenso wie seine Schrift zur Taufe, wie er Leiden, Gewalt und Reich Gottes zusammendachte – und eben diese Mixtur in die Augsburger Gemeinde einspeiste. Dabei spielten der Bauernkrieg und der Prediger und Bauernführer Thomas Müntzer eine gewichtige Rolle.[6]

---

4 Der Begriff ergibt sich daraus, dass zahlreiche der in Augsburg zusammengekommenen Täuferführer im Lauf der kommenden Jahre verhaftet und hingerichtet worden sind. Vgl. a. a. O., 44.
5 Vgl. a. a. O., 41f.
6 Zu Thomas Müntzer vgl. Hans-Jürgen Goertz: Karlstadt, Müntzer and the Reformation of the Commoners, 1521–1525, in: John D. Roth, James M. Stayer (Hrsg.): A Companion to Anabaptism and Spiritualism, 1521–1700. Leiden, Boston 2007, 1–45; James M. Stayer: Prophet, Apokalyptiker, Mystiker. Thomas Müntzer und die „Kirche" der Patriarchen, Propheten und Apostel, in: ders., Hartmut Kühne: Endzeiterwartung bei Thomas Müntzer und im frühen Luthertum. Mühlhausen 2010, 5–26. Zum Verhältnis von Müntzer und Hut vgl. Herbert Klassen: The Life and Teaching of Hans Hut (Part 2), in: MQR 33 (1959), 267–305, hier: 267–280; Gottfried Seebaß: Das Zeichen der Erwählten. Zum Verständnis der Taufe bei Hans Hut, in: ders.: Die Reformation und ihre Außenseiter. Gesammelte Aufsätze und Vorträge. Göttingen 1997, 203–227.

1. Hans Huts Theologie

Die Ereignisse des Bauernkrieges, mehr noch aber die Schlacht von Frankenhausen im Jahr 1525 und die anschließende Verurteilung und Hinrichtung von Thomas Müntzer und Heinrich Schwertfeger waren für Hans Hut eine Zäsur. Er ist bei der Schlacht dabei gewesen und dennoch nicht verhaftet und bestraft worden. So galt es nun, zu flüchten und sich gleichzeitig zu fragen, welchen Sinn es wohl machte, dass er sowohl die Niederlage als auch die anschließende Verfolgung überlebt hatte.[7] Vor diesem Hintergrund – und mit Rückgriff auf Müntzer – hat Hut seine Doktrin vom Gebrauch des Schwerts entfaltet.[8] Hier wird um des Heils willen verstanden. Das heißt: Am Ende aller Zeiten würden, so Hut, die Türken in das Land einfallen – und genau dann seien die Auserwählten bzw. die von Hans Hut durch die Taufe Versiegelten aufgerufen,[9] das Schwert zu ziehen und es gegen die Gottlosen einzusetzen, die nicht nur bei den Türken zu finden seien.[10]

Spätestens dies wird dann auch der Punkt in der Hut'schen Theologie gewesen sein, an dem die weltlichen Obrigkeiten Aufruhr und damit die Fortsetzung der umstürzlerischen Bewegungen des Bauernkrieges

---

7 Vgl. Gottfried Seebaß: Müntzers Erbe. Werk, Leben und Theologie des Hans Hut. Gütersloh 2002, 189.
8 Vgl. James M. Stayer: Hans Hut's Doctrine of the Sword: an Attempted Solution, in: MQR 39 (1965), 181–192, hier: 184.
9 Zur Taufe insbesondere auch als „eschatologische Versiegelung und Schutzzeichen" vgl. ebd., passim.
10 Vgl. Hans-Jürgen Goertz: Apokalyptik in Thüringen. Thomas Müntzer, Bauernkrieg, Täufer, in: ders.: Radikalität der Reformation. Aufsätze und Abhandlungen. (Forschungen zur Kirchen- und Dogmengeschichte, 93). Göttingen 2007, 97–118, hier: 114.

gewittert haben werden,[11] so dass Hut gut daran tat, diese Gedanken während der Verhöre in Augsburg 1527 erst dann umfänglich zuzugeben, als entsprechende Informationen etwa durch den Ritter von Bibra oder durch das Auffinden des Hut'schen Missionsbüchlein schon fast vollständig auf dem Tisch lagen.[12]

2. Durch Leiden zum Heil

In der „Ausgedrückten Entblößung"[13], die Thomas Müntzer verfasst und dann an Hans Hut weitergegeben hat, geht es um die Fragen, wer am Ende aller Zeiten bei Gericht mitwirken sollte und wen dieses Gericht eigentlich betraf. Müntzer hatte hier zunächst auf ein aktives Handeln der sächsischen Fürsten gehofft, die sich aber nicht gewinnen ließen. Also wandte er seine Aufmerksamkeit dem Volk und so letztlich den Bauern zu. Diese sollten nun für die Vernichtung der Gottlosen sorgen, wenn das Ende der Welt anbrach. Konkret hieß dies, dass die Auserwählten die Aufgabe hätten, bei der dann erfolgenden Unterscheidung zwischen „gerecht" und „ungerecht" mitzutun. Diesen Gedanken hat Hut aufgegriffen und weitergedacht, auch wenn bei ihm der „gemeine Mann" als solcher und nur der Bauer mit dem Schwert agieren sollte.

---

11 Vgl. Gottfried Seebaß: Der Prozess gegen den Täuferführer Hans Hut in Augsburg 1527, in: ders.: Reformation, 227–243, hier: 231.
12 Bei den Quellen wird zumeist zurückgegriffen auf die textkritische Edition von Gottfried Seebaß: Müntzers Erbe, 501–541. Vgl. aber auch in neuer Edition: Hans Hut: Ein Anfang eines rechten christlichen Lebens (Vom Geheimnis der Taufe), in: Heinold Fast, Gottfried Seebaß (Hrsg.): Briefe und Schriften oberdeutscher Täufer 1527–1555. Das „Kunstbuch" des Jörg Probst Rotenfelder gen. Maler. Gütersloh 2007, 164–199.
13 Zu dieser und weiteren Schriften Müntzers vgl. Hans-Jürgen Goertz: Variationen des Schriftverständnisses unter den Radikalen, in: ders: Radikalität, 188–216, hier: 193–197.

Und so erklärte Hut in einem Verhör (14. November 1527) in Augsburg, dass Gott ihm gezeigt hätte, wie es in der letzten Zeit zugehen würde, und er, Hut, gebe diese Erkenntnis weiter, weil er noch keinen Menschen gehört habe, der dies in ähnlicher Weise täte.[14] Hut hat also nach der „Märtyrersynode" weder seine Auffassung vom Ende der Zeiten *ad acta* gelegt, noch hat er auf die besondere Rolle verzichtet, welche er dabei spielen sollte.

Dazu gehörte es, dass Hut Gewalt und das damit einhergehende Leid als Widerfahrnis beschreibt, dessen Erleben heilsnotwendig. Gewalt stelle eine Zwischenstufe auf dem Weg zum Gottesreich dar. Hut erklärt, dass es vor dem Ende der Welt eine kleine Weile gebe, in der die Auserwählten ihr Schwert einstecken sollten, bis Gott sie rief, dieses erneut und gleichsam final zu gebrauchen.[15] Diese Zwischenzeit sei eine Zeit der Buße und der Umkehr, in der gelte: „Wer gottseliglich leben welle, der muß verfolgung leiden."[16] Und mehr noch: Es ginge darum, das Evangelium von Christus, dem Gekreuzigten, zu leben – und dies hieße: „Wie derselbig gelitten hab und dem Vater gehorsam gewesen sei biß in den tod, also sollen wir auch Cristum nachfolgen und umb seinen willen leiden biß in den tod."[17]

In seiner Schrift „Vom Geheimnis des Glaubens" präzisiert Hut seine Rede vom heilsnotwendigen Wider-

---

14 Vgl. Aussagen Hans Huts im Verhör am 14. November 1527, in: Gottfried Seebaß: Müntzers Erbe, Anhang, Nr. 17, 531–534, hier: 532.
15 Vgl. Aussagen Hans Huts im Verhör vom 26. November 1527, in: Gottfried Seebaß: Müntzers Erbe, Anhang, Nr. 20, 537–540, hier: 538.
16 A. a. O., 539.
17 Aussagen Hans Huts im Verhör am 5. Oktober 1527, in: Gottfried Seebaß: Müntzers Erbe, Anhang, Nr. 13, 523–526, hier: 524.

fahrnis der Gewalt. Lehrer und Schriftgelehrte würden predigen, aber sie verstünden die Botschaft Gottes nicht, sondern würden allein den „arm gmein man"[18] mit ihren weltlichen Reden verführen und von der rechten Lehre abbringen. Doch den Schriftgelehrten stünden die „gotseligen Menschen"[19] gegenüber, die Lust und Liebe zur Gerechtigkeit hätten, aber gerade wegen ihrer Armut im Geiste und ihres bedingungslosen Vertrauens auf Gott „vor der welt veracht und fur schwermer und teufl gescholten und gehalten werden".[20] Doch eben diese Menschen sollten gehört werden, denn: Diese einfachen Menschen folgten den Fußstapfen Christi und willigten ein in die Rechtfertigung des Kreuzes Christi.[21] Dies mache sie im Grunde zu Propheten, welche die Botschaft Gottes für ihre Zeit ergriffen hätten. Dieses Evangelium, das sie predigten, so Hut weiter, bleibe aber denjenigen verschlossen, die sich wie die „Pfaffen" mehr um ihren Bauch und die eigene Ehre sorgten.[22] Am Ende fasst Hut zusammen, dass kein Mensch zur Seligkeit kommen werde, „er leide dann den willen Gottes in lieb und laid, wie es Gott wolgefellig ist, und spricht, das es also muß ergon mit im und mit allenn menschen, die selig wellen werden".[23]

Diese Zwischenzeit ist für den Hut'schen Gedankengang vom Ende der Welt wichtig, weil sich die Bauern nach seinem Verständnis nicht als diejenigen erwiesen hatten, die mit Gottes Zutun das Gericht in der Welt

---

18 Hans Hut: Anfang, 167.
19 Ebd.
20 A. a. O., 169.
21 Vgl. a. a. O., 170.
22 Vgl. a. a. O., 177.
23 A. a. O., 187.

ausüben sollten. Vielmehr hatten diese in seinen Augen versagt, so dass nun eine neue Gruppe gefunden und für das Handeln im Endgericht vorbereitet werden musste – und dies schienen all jene Täufer zu sein, welche die Auffassungen von Hut kennenlernten und sich ebenso wie er darauf vorbereiten wollten.

3. Durch Leiden und Gewalt zum Heil

Als Hut im Verhör sein Messbüchlein und damit seine Auffassung vorgehalten wurde, dass er daran dachte, Obrigkeiten zu stürzen, musste er eine klarere Position zur Gewalt formulieren. Und so erklärte er am 5. Oktober 1527, dass er nichts vom „Schwert Gideons" und von Umstürzen sagen könne. Vielmehr rede er davon, dass der Herr am Ende Gericht halte und schwer strafe, damit all jene, die in Sünde lebten, umso zügiger umkehrten und ein neues Leben begannen.[24] Es gehe also, so präzisierte Hut am 4. November 1527, gar nicht um ein weltliches Gericht, sondern sein Ziel sei es, Menschen „zur besserung und buß zu bewegen".[25] Insofern habe er für sie in dem Büchlein Bibelstellen zusammengestellt, die in aller Deutlichkeit und durch eine eindrückliche Schilderung von Konsequenzen zur Buße führten.[26]

Dies ist durchaus als Vorwärts-Verteidigung zu verstehen. Als sich aber schließlich die Vorwürfe gegen ihn verdichteten, weil Conrad Peutinger immer neue Informationen etwa aus Bibra erhielt, gab Hut schließlich auf und teilte am 26. November 1527 seine Lehre

---

24 Vgl. Aussagen Hans Huts im Verhör am 5. Oktober 1527, 525.
25 Aussagen von Hans Hut im Verhör am 4. November 1527, in: Gottfried Seebaß: Müntzers Erbe, Anhang, Nr. 15, 528–530, hier: 530.
26 Vgl. ebd., passim.

von der Endzeit mit. Hier erklärte er, dass es in der Tat eine Zeit gebe, in welcher Christus die Auserwählten mahnen werde, das Schwert ruhen zu lassen und Leid zu ertragen.[27] Dann aber, in der Zeit des Gerichts, würden Engel alle Auserwählten einsammeln, die zuvor zerstreut worden seien, bevor schließlich in allen Landen die Sünder und die Obrigkeiten bestraft würden.[28] Konkret heiße dies, dass die Heiligen nun ein zweischneidiges Schwert in den Händen hielten, um zu kämpfen und allen – auch den Obrigkeiten – das Gericht zu bringen. In diesem Gericht würden dann allein die Auserwählten gut dastehen, mit ihnen werde der Herr den „stul der gewaltigen"[29] umwerfen und dafür sorgen, dass die Herrschenden „gewaltiglich pein leiden"[30] würden. Hut beschreibt hier „Katastrophen kosmischen Ausmaßes", wie Gottfried Seebaß es zusammenfasst.[31] Dies mag dann auch erklären, warum Hut selbst nach seinem Erstickungstod in der Augsburger Gefängniszelle[32] noch als gefährlich galt und deshalb nachträglich verurteilt und hingerichtet worden ist – es sollte ein klares Zeichen gesetzt werden, dass dieser Aufruhr nicht geduldet wurde.

---

27 Vgl. Aussagen Hans Huts im Verhör vom 26. November 1527, 538.
28 Vgl. a. a. O., 539.
29 A. a. O., 538.
30 Ebd.
31 Beide Zitate: Gottfried Seebaß: Müntzers Erbe, 355.
32 Vgl. hierzu Gottfried Seebaß: Der Prozess, 240.

Quelle:

Mennonitische Wehrlosigkeit
(Beschreibung von Josef Gingerich,
um 1950)[1]

Die Wehrlosigkeit, das heisst die Ablehnung des Wehrdienste, wie überhaupt die Anwendung von Gewalt in der Verteidigung – Angriff kam überhaupt nicht in Frage – bildet der Lehre und dem Verhalten Jesu gemäss einen der Hauptgrundsätze der Mennoniten. Solange die Möglichkeit bestand, sich auf rechtliche Weise dem Wehrdienst zu entziehen, fast drei Jahrhunderte lang wurde daran praktisch festgehalten. In der Zeit nach der Einwanderung aus dem Elsass, solange dieses zum französischen Staat gehörte und persönlich die französische Staatsangehörigkeit erhalten geblieben war, ging es verhältnismässig leicht, da man ja in Berufung darauf in Deutschland nicht eingezogen werden konnte. Wenn dies nicht zutraf, aber die Möglichkeit der Stellung eines Ersatzmannes bestand, wurde davon Gebrauch gemacht, oft mit geldlicher Unterstützung durch die Gemeinde.

Nach der Eingliederung des Elsass und Lothringen in das Deutsche Reich hörte das alles auf. Nur durch die Auswanderung noch konnte man den Waffendienst vermeiden. Einige Familien wanderten aus, um so leichter, als jenseits des Ozeans günstige Wirtschaftsbedingungen

---

[1] Josef Gingerich: Die Amischen Mennoniten in Bayern (um 1950), maschinenschriftliches Manuskript, in: Mennonitische Forschungsstelle Weierhof (VI/F.3.2), 7f.

sich zu bieten schienen. Das führte zu einer Schwächung der Gemeinden. Jedoch der grösste Teil blieb im Lande und unterwarf sich der Wehrpflicht, nicht ohne doch den alten Grundsatz wenigstens in der Theorie noch zu bekennen.

Es ist nicht zu verkennen, dass durch den Militärdienst und die damit verbundene bürgerliche Gleichstellung, durch die Schule und den durch sie erweckten und gepflegten nationalen Gedanken die Abgeschlossenheit der mennonitischen Gemeinschaft schwere Einbusse erfuhr. Die immer stärker werdende Verbundenheit mit Volk und Wirtschaft, die manchen Mennoniten in ehrenamtliche und auch öffentliche Stellung erhob, wirkte im gleichen Sinne. So konnte es eine Zeitlang scheinen, als wären die Gemeinden einem langsamen, aber stetigen Verfall unterworfen. Neuer Zuzug von nicht amischen Mennoniten aus der Pfalz, aus Württemberg und Baden brachten wieder neue Belebung und eine stärkere Verbindung der Mennoniten in den deutschen Landen, brachten einen Gemeinschaftssinn in einem weiteren Rahmen und geistige Belebung. Nicht zuletzt haben die amerikanischen Brüder durch ihr geistiges und materielles Hilfswerk, in das sie auch willige Kräfte in den alten Stammlanden einzuspannen wussten, das Bewusstsein gestärkt, dass evangelisches Mennonitentum nicht nur Konservierung eines Daseins, sondern Aufgabe und tätiges Leben bedeutet.

Astrid von Schlachta

DIE HUTTERER IN MÄHREN – MISSIONSARBEIT IN BAYERN

„Ich werde Leonhard Dax genannt, gebürtig von Bayern in der Stadt München. Daselbst und anderswo in der Graffschaft Tirol habe ich das priesterliche Amt gepflegt, in großer Blindheit und Unwissenheit der abgöttischen Kirche des Papsttums. Darum habe ich mich billig nach erkannter Wahrheit von derselben abgesondert." So erzählte es der hutterische Prediger und Sendbote Leonhard Dax in seinem Verhör im pfälzischen Alzey.[1] Leonard Dax war einer der „Bayern" unter den Hutterern. Als ehemaliger Priester gehörte er vermutlich auch unter ihnen recht schnell zu den Predigern. Jedenfalls wurde er 1564 von der Gemeinde als Sendbote in die Pfalz geschickt, um dort für den hutterischen Glauben zu werben.

Die Hutterer in Mähren

Obwohl die Hutterer im Verlauf des 16. Jahrhunderts wachsende und wirtschaftlich prosperierende Gemeinden in Mähren aufbauten und dort den Mittelpunkt ihres Lebens in Gütergemeinschaft hatten, waren sie noch

---

1   Hutterische Brüder in Amerika (Hrsg.): Die hutterischen Episteln, Bd. 3. James Valley 1988, 541, 587.

bis ins frühe 17. Jahrhundert in fast allen Regionen des Alten Reichs präsent.[2] Anders als andere täuferische Gemeinden hatten sie schon bald nach der Etablierung ihrer Gemeinden die Missionsarbeit professionalisiert. Die jedes Jahr im Frühjahr von den Ältesten der Gemeinde benannten Sendboten waren unermüdlich unterwegs – auch in Bayern. Die Entscheidung, in welche Region Missionare reisten, fiel aus unterschiedlichen Motiven: Manchmal hatte man gehört, dass in einem Ort Menschen lebten, die offen seien für die hutterische Botschaft. Manchmal wusste man, dass es in einer Region wirtschaftliche Probleme gab und die Menschen somit bereit waren, alles hinter sich zu lassen, um nach Mähren zu ziehen. Hutterisch-Werden hieß im 16. Jahrhundert, nach Mähren auszuwandern, da nur dort aufgrund des toleranten Klimas ein solches Leben nach dem Vorbild der Apostel möglich war.

Dieses Leben in Gütergemeinschaft unterschied die Hutterer von allen anderen täuferischen Gemeinden. Auf den hutterischen Höfen, die über den gesamten südmährischen Raum bis in die Slowakei hinein verteilt waren, lebten und arbeiteten zeitweise mehrere hundert Menschen gemeinsam. Gemeindeordnungen regelten das geistliche, soziale und wirtschaftliche Leben. Das hutterische Leben blühte, so dass Mähren für Täufer zum „globten land" wurde, wie es 1535 in einem Verhör von Täufern in Leutershausen hieß.[3] Erst der

---

2 Vgl. Astrid von Schlachta: Hutterische Konfession und Tradition (1578–1619). Mainz 2003.
3 Karl Schornbaum (Hrsg.): Quellen zur Geschichte der Wiedertäufer, II. Band: Markgrafentum Brandenburg (Bayern, I. Abteilung). Leipzig 1934, 345.

beginnende 30-jährige Krieg und die Vertreibung aller Nicht-Katholiken aus den böhmischen Ländern beendeten das hutterische Leben in Mähren.

Von Mähren nach Bayern und zurück

Einen Einblick in die Missionsarbeit mit all ihren Tücken und Gefahren bietet eine Geschichte aus Bayern, die das hutterische „Geschichtbuch" für das Jahr 1555 überliefert. Der Chronist berichtet, dass sich der bayerische Adelige von Taufkirchen, der in Schloss Guttenburg in Kraiburg residierte, mit der Bitte an die hutterischen Ältesten gewandt hatte, Sendboten in sein Gebiet zu schicken. Dort sollten sie predigen und „ein Gemein und Volk anrichten".[4] Die Hutterer Hans Mändl, Michael Veldthaler und Christof Achtznit sowie weitere Brüder machten sich auf den Weg.

Dass Michael Veldthaler mitging, geschah auf Bitten des bayerischen Adeligen, der den Hutterer wohl kannte. Zur Biografie Veldthalers ist überliefert, dass er aus Bayern stammte, über Kontakte in adelige Kreise verfügte und vor seiner Zeit bei den Hutterern als Pfleger der Herrschaft Falkenstein in obrigkeitlichen Diensten gestanden hatte. In einer polemischen, gegen die Hutterer gerichteten Schrift des Jesuiten Christoph Erhard heißt es 1589, Veldthaler sei für die Hutterer von vielfältigem Nutzen gewesen, da er „alle weltleuffige ding gewist/ vnd von allen orthen gut kundtschafft gehabt" hätte.[5]

---

4 Rudolf Wolkan: Geschichtbuch der Hutterischen Brüder. Macleod 1923, 263.
5 Christoph Erhard: Gründliche kurcz verfaste Historia. München 1589, fol. 42r.

Doch die Sache in Kraiburg und Umgebung lief nicht rund; vermutlich, weil die Hutterer das taten, was sie immer taten – nämlich nicht „ein Gemein anrichteten", sondern die Menschen nach Mähren einluden. Laut „Geschichtbuch" seien „Zorn, Neid und Haß im Taufkircher angangen", weil es zu „Lugen gegen den Eifrigen, so der Wahrheit begehrt anzuhangen",[6] gekommen sei. Zudem bestritt der Adelige, die Hutterer jemals in sein Gebiet gerufen zu haben, ließ ihre Tätigkeiten genau beobachten und lud Mändl, Veldthaler und ihre Kollegen zu einer Art Religionsgespräch ein. Bei diesem wollte er, so der Bericht im „Geschicht-Buch", den Hutterern „ihre Verführung" beweisen. Obwohl das Gespräch in gegenseitigen Anschuldigungen endete, blieben die Hutterer in der Region zwischen Kraiburg und Braunau. Die Obrigkeiten erhöhten allerdings den Druck, so dass Christoph Achtznit und Michael Veldthaler schließlich eines Nachts in einem abgelegenen Haus gefangengenommen wurden. Veldthaler konnte entkommen; Achtznit wurde ins Gefängnis in Burghausen gesteckt, konnte dann aber durch die Hilfe seiner Schwester Juliana auch fliehen, da diese ihm offenbar hilfreiche Dinge ins Gefängnis geschmuggelt hatte.

Trotz dieser misslungenen und dramatisch endenden Mission stand Bayern weiterhin auf dem Reiseplan der hutterischen Sendboten. Über die Arbeit des Ältesten Hans Zuckenhammer, der aus Gangkofen in Niederbayern stammte, heißt es beispielsweise, er habe allein im Jahr 1586 ungefähr 800 Menschen aus Bayern nach

---

6 Die Zitate nach: Rudolf Wolkan: Geschichtbuch, 263–268.

Mähren geführt.[7] Schon 1584 hatte ein Mandat Herzog Wilhelms V. vor Zuckenhammer und seinen Kollegen gewarnt: „Sy sollen sich Hueterisch nennen, ainer der Zuckhenhaimer haissen, vnd aus Bayrn pürtig sein." Und 1587 warnte ein landesfürstliches Mandat, die „hochverstockte und unleidentliche Sekte der Wiedertäufer" würde in Bayern „von Tag zu Tag mehr anwachsen".[8] Tatsächlich wurden im selben Jahr Zuckenhammer und sein hutterischer Missionskollege Wolf Rauffer in Tittmoning ins Gefängnis gesteckt, nach einigen Wochen jedoch wieder freigelassen.[9]

Die hutterische Missionsarbeit suchte sich ihre erfolgversprechenden Ziele. Zudem berichten die Quellen für das Jahr 1574, dass aufgrund einer Teuerung im Raum Münchberg viele Leute nach Mähren ausgewandert seien. Vorher, so heißt es weiter, seien Hutterer dort gewesen und hätten von Mähren erzählt.[10] Zur hutterischen Missionsarbeit gehörte ab der zweiten Hälfte des 16. Jahrhunderts aber auch, mit „Missionsbriefen" für eine Auswanderung nach Mähren zu werben. Mährische Hutterer schrieben an ihre Verwandten und Freunde in der alten Heimat und mahnten diese, über ihr „verlorenes Leben" nachzudenken und sich auf den Weg Richtung Osten zu machen.

Einen solchen Brief hatte wohl auch Jörg Schechner erhalten, ein Nürnberger Wollweber, von dem zahlreiche Lieder der Meistersinger-Tradition überliefert

---

7 Vgl. Wilhelm Wiswedel: Bilder und Führergestalten aus dem Täufertum, Bd. 2. Kassel 1930, 137.
8 Zit. nach: ebd.
9 Rudolf Wolkan: Geschichtbuch, 400–403.
10 Karl Schornbaum (Hrsg.): Quellen, 359.

sind.[11] Schechner hatte sich 1527 in Nürnberg auf seinen Glauben hin taufen lassen, war dann jedoch ins Lager Caspar von Schwenckfelds übergewechselt. In einem Brief, mit dem er 1560 wohl auf einen Misssionsbrief aus Mähren reagierte, blickte er zunächst sehr kritisch auf die früheren Täufer. Sie hätten nur im Kopf gehabt, dass Jesus bald wiederkomme und ihnen das Schwert in die Hand gebe.

Den Hutterern wirft Schechner vor, mit ihrer Gütergemeinschaft viel zu sehr „nach dem Buchstaben" zu leben und eine „eittel Müncherei" sowie eine „Mosaische Zwang Kirchen" errichtet zu haben. Sie würden völlig vergessen, dass die ersten Apostel nicht lange und auch nur in Jerusalem in Gütergemeinschaft gelebt hätten. Die Güter zusammenzulegen, müsse heißen, sich gegenseitig in der Not zu helfen; dies aber sollte freiwillig geschehen. Auch ihr exklusives Gemeindeverständnis macht Schechner den Hutterern zum Vorwurf. Gottes Volk sei auf der ganzen Welt, und als Christ könne man mit der Welt Kontakt haben und trotzdem „aufrichtig und ohne betrug handeln".[12] Doch trotz aller Kritik – Gütergemeinschaft wird bis heute in hutterischen Gemeinden praktiziert.

---

11 Vgl. Irene Stahl: Jörg Schechner. Täufer – Meistersinger – Schwärmer. Würzburg 1991.
12 Der Brief ist überliefert in: Corpus Schwenckfeldianorum, Bd. XVII. Pennsburg 1960, 235–243, hier: 242.

Quelle:

Brief aus Bayern nach „Ober-Canada" (1840)[1]

An Jacob Meyer.

Werther Mitbruder!

Wir wünschen Dir nebst allen lieben Brüder welchen dieses Schreiben in Händen kommt, Gottes reichen Segen, die Gnade Jesu, und den Trost des heiligen Geistes.

Werthe Freunde, wir berichten Euch daß wir in dem Königreich Baiern wohnen, und haben solche Freyheit daß wir unsern Gottesdienst frey und ungestört halten können. Unsere Gemeinen haben sich den letzten 22 Jahren stark vermehrt. Es haben in einer Gemeine bey 70 Seelen das heilige Abendmahl empfangen, und in der andern Gemeine bey 40 Seelen. Wir sind aber dem Soldatendienst unterworfen, welches uns sehr hart ankommt, und leider Gott! wir es so annehmen müssen, weil wir von unserer hohen Obrigkeit dazu gezwungen werden. Da kannst du bey dir selbst wohl denken, lieber Bruder, wie es den Aeltern seyn muß wenn man ihnen Ihre Söhne nimmt.

---

1 Auszug eines Briefes aus Baiern, in: Briefe an die Mennoniten Gemeine in Ober Canada. Berlin (Ober Canada) 1840, 30f.

POLITIK, OBRIGKEITEN UND TÄUFER

Astrid von Schlachta

POLITIK, OBRIGKEITEN UND TÄUFER

Bereits vor der ersten täuferischen Glaubenstaufe, die Ende Januar 1525 in Zürich stattfand, waren die Obrigkeiten auch in Bayern äußerst wachsam, wenn Äußerungen von Kritikern der Säuglingstaufe laut wurden. Hans Hut etwa, der einflussreichste Täufer in der Frühzeit des Täufertums in Bayern, wurde Ende 1524 aktenkundig, da er sich weigerte, sein drittes Kind taufen zu lassen.[1] In dieser Zeit waren es noch die Bücher und „tractetlein" eines Andreas Bodenstein von Karlstadt, eines Thomas Müntzer oder anderer „derselben alstettischen sect", die nicht in Umlauf gebracht werden sollten, wie es beispielsweise in einer Anweisung an den Vogt zu Ansbach von Anfang Dezember 1524 heißt. Nach Januar 1525 lautete die Warnung dann, dass man auf „etlich puben, so im land hin und wider zihen" und planen, „ain neue beschwerliche und schedliche faction, verpuntnus oder bruderschaft (wie sie die nennen) aufzurichten", aufpassen sollte. Sie würden jeden, der zu ihnen komme, „anderwait taufen" – so heißt es in einem Schreiben

---

1   Vgl. Gottfried Seebaß: Müntzers Erbe. Werk, Leben und Theologie des Hans Hut. Gütersloh 2022, 182 f.

von Bürgermeister und Rat der Stadt Nürnberg an die Stadt Regensburg.[2]

Die Verfolgung der Täufer setzte in Bayern, wie auch in den anderen Territorien des Alten Reichs, zunächst mit Härte und Strenge ein. Insbesondere die Furcht vor neuerlichen Bauernaufständen befeuerte den Eifer der Obrigkeiten. Landesfürsten und Stadtobrigkeiten erließen Mandate, die die täuferische Glaubenstaufe unter Todesstrafe stellten und den Täufern unterstellten, mit neuen Bündnisschlüssen die Ordnung der Gesellschaft zerstören zu wollen. Doch nicht nur Täufer mussten mit Strafen rechnen, sondern auch all jene, die Täufern Schutz und Obhut gewährten. Im Mandat des Markgrafen Georg vom 5. Januar 1528 wurde eindringlich darauf verwiesen, dass die „widertauf dem klaren wort gottes ungemeß und der christlichen kirchen geprauch entgegen, auch in den keiserlichen geschrieben rechten bei der pene des tods verporten" sei.[3]

Einer der ersten Täufer, der in Bayern für seinen Glauben sterben musste, dürfte der aus Linz stammende Ambrosius Spittelmeier gewesen sein, der Anfang Februar 1528 in der Nähe von Fürth hingerichtet wurde. Weitere folgten. Allerdings sind kaum verlässliche Angaben zu den Zahlen der hingerichteten Täufer zu erhalten. Das hutterische „Geschichtbuch" bringt eine Aufstellung von knapp 1.600 Märtyrern. Auf Bayern entfallen hier 88; das „Mennonitische Lexi-

---

2 Schreiben vom 4.12.1524, in: Karl Schornbaum (Hrsg.): Quellen zur Geschichte der Wiedertäufer, II. Band: Markgrafentum Brandenburg (Bayern, I. Abteilung). Leipzig 1934, 1; Bürgermeister und Rat von Nürnberg an die Stadt Regensburg, in: Karl Schornbaum (Hrsg.): Quellen, 8.
3 Mandat, in: Karl Schornbaum (Hrsg.): Quellen, 98.

kon" spricht von 223 Hinrichtungen.[4] Einem Verzeichnis des aus Zürich stammenden Täufers Julius Lober zufolge, das dieser bei seiner Verhaftung 1531 mit sich führte, kursierten zu der Zeit folgende Hinrichtungszahlen für bayerische Städte: Augsburg 12, Landsberg 6, Neuburg/Donau 6, Würzburg 15, Bamberg 10.[5] Auch die Hinrichtungsart überliefert das Verzeichnis; sie geschah meist durch das Schwert und durch Ertränken, vereinzelt durch Verbrennung auf dem Scheiterhaufen.[6]

In der politischen Kommunikation fokussierte sich die Argumentation für ein hartes Vorgehen gegen die Täufer sehr schnell auf ihre angebliche politische Illoyalität. Täuferisch zu sein, hieß in der Wahrnehmung der Obrigkeiten nicht nur, als Ketzer vom „richtigen" geistlichen Weg abgekommen zu sein, sondern auch, die politisch-soziale Ordnung der Gesellschaft infrage zu stellen. Hier wurde rasch eine Linie zum Bauernkrieg gezogen, und mit den Ereignissen in Münster 1534/35 schienen sich noch einmal alle Befürchtungen vor einem Aufstand bewahrheitet zu haben.

Richtungsweisend für die harte Linie gegen die Täufer war ein Gutachten, das Philipp Melanchthon 1531 für den sächsischen Kurfürsten erstellte. Auf die Frage, ob „man die Wiedertaeufer mit dem Schwert strafen moege", antwortete Melanchthon mit einem klaren „Ja" und empfahl, Prediger mit dem Schwert hinzurichten, „Einfältige" jedoch, bei denen noch Hoffnung

---

4 Vgl. Rudolf Wolkan: Hutterisches Geschicht-Buch, Macleod 1923, 182; Christian Neff: Bayern, in: Mennonitisches Lexikon, 1. Frankfurt, Weierhof 1913, 141.
5 Vgl. Karl Schornbaum (Hrsg.): Quellen, 278f.
6 Vgl. ebd.

auf „Besserung" bestehe, sollten im „richtigen" Glauben unterwiesen werden. Martin Luther gab sein Placet zu Melanchthons Urteil. Das Mandat von Speyer, das der Reichstag 1529 verabschiedet hatte, zielte mit seinen Maßnahmen ebenfalls auf ein rigoroses und hartes Vorgehen gegen die Täufer. Dennoch: Daneben waren bereits auch Stimmen laut geworden, die einen milderen Umgang mit den Täufern forderten. Zu ihnen gehörten der württembergische Reformator Johannes Brenz, der Nürnberger Prediger Andreas Osiander und der Straßburger Reformator Martin Bucer.

1528 verfasste Andreas Osiander, Prediger an der Kirche zu St. Lorenz in Nürnberg, eine „Gründliche Unterrichtung eines ehrbaren Rates der Stadt Nürnberg". Die Schrift ist von größter Bedeutung, weil Osiander hier die Glaubenslehren der Täufer nicht danach beurteilen wollte, „wie das gemein geschrey anzeygt, sunder nur so vil wir mit warheyt irer eygnen bekantnus erfaren haben".[7] Er lässt Taten folgen und bürstet schon mit seiner Auflistung der täuferischen Glaubensüberzeugungen die zeitgenössisch gängigen Anschuldigungen gegen den Strich. So ist für ihn der erste Punkt täuferischer Lehre die Nachfolge Jesu Christi – ein Christ müsse in die Fußstapfen Jesu Christi treten, um seinem und der Apostel Beispiel zu folgen.[8] Erst dann folgen die Tauflehre, die täuferischen Auffassungen zum Abendmahl, zur Obrigkeit und zur Wiederkunft Jesu Christi.

---

7 Andreas Osiander: Gründliche Unterrichtung eines ehrbaren Rates der Stadt Nürnberg, zit. nach: Adolf Laube (Hrsg.): Flugschriften vom Bauernkrieg zum Täuferreich (1526–1535), Bd. 2. Berlin 1992, 1289–1332, hier: 1304.
8 Vgl. ebd.

Mit der Betonung der Nachfolge Jesu Christi verbindet der Nürnberger Prediger eine nicht unwesentliche Kritik an seiner eigenen Kirche. Er zitiert Täufer, die von sich selbst sagten, durch die Taufe andere Menschen geworden zu sein. In ihrem Leben zeigte sich die „frucht des evangelions", so Osiander, was bei den Lutheranern nicht der Fall sei. Authentizität im Leben – so war das Bild, das der Nürnberger Prediger von den Täufern hatte. Eine zweite Argumentation betrifft die „Wiedertaufe": Osiander schildert den Fall, dass „einer auß irer bruderschafft", also eine getaufte Person, die eine gewisse Zeit ein „unordenig leben" geführt habe, zu den Ältesten komme und erneut um die Taufe bitte, da die erste Glaubenstaufe nur aus „lauterm mutwillen unnd verzweyfeltem gemüt" stattgefunden habe, ohne wahren Glauben. Die Täufer, so Osiander, würden in diesem Fall antworten: „Nein, es were gnug, das er vor taufft were, dann Paulus spricht: Es sey nur ein Christus und ein tauff [Eph. 4, 5]."[9]

Tatsächlich blieb die Argumentation der Theologen in Nürnberg sehr zurückhaltend, was einen harten Umgang mit den Täufern anging. Dies wirkte sich 1528 auch auf die Politik des Stadtrats aus. Im Juli des Jahres sprach dieser sich dafür aus, das Täufertum als religiöse Bewegung anzusehen und somit keine Todesstrafen mehr zu verhängen. Die Juristen allerdings verwiesen stattdessen auf das reichsweit gültige Mandat von Speyer (1529), das die Todesstrafe vorsah.[10] Somit veranschaulicht der Blick auf die Täufer in Bayern die

---

9 A. a. O., 1305.
10 Vgl. Hans-Dieter Schmid: Täufertum und Obrigkeit in Nürnberg. Nürnberg 1972, 182–204.

Bandbreite der politisch-rechtlichen Rahmenbedingungen, unter denen täuferisches Leben im 16. Jahrhundert stattfand.

Nicole Grochowina

MARTYRIUM DER TÄUFER

Das Martyrium ist ein Ort, an dem „kulturelle Normen verhandelt werden". Dies macht das Martyrium zu einem „Medium der Inszenierung", wobei Vorstellungen von Heiligkeit in einer „historisch-anthropologischen Spurensuche" konstruiert werden.[1]

Für das täuferische Heiligkeitsmodell ist die Wehrlosigkeit von entscheidender Bedeutung. Diese war Grundvoraussetzung für die *imitatio Christi*. Damit ist Wehrlosigkeit der eigentliche „terminus technicus" der täuferischen Bewegung.[2] Der zweite Punkt ist die Gottesfurcht. Diese ist auch in einem Zusammenhang mit der Bedeutung des Leidens zu sehen, denn das richtige Maß an Gottesfurcht würde es leichter machen, dem Leiden und den Anfechtungen in der Welt zu widerstehen.[3]

Erkennbar als Marker der täuferischen Erinnerungspolitik werden beide bereits im ersten täuferischen Martyrologium *Het Offer des Heeren,* das zunächst 1562

---

1 Peter Burschel: Männliche Tode, weibliche Tode. Zur Anthropologie des Martyriums in der frühen Neuzeit, in: Saeculum 50/I (1999), 75–97, hier: 76.
2 Vgl. Ethelbert Stauffer: Märtyrertheologie und Täuferbewegung, in: ZKG 52 (1933), 545–599, hier: 592.
3 Vgl. Samuel Cramer (Hrsg.): Het Offer des Heeren (de oudste verzameling doopsgezinde martelaarsbrieven en offerliederen). Den Haag 1904, 332f. und 444.

erschienen ist.[4] Ähnlich ist es beim Martyrologium, das anschließend Hans de Ries 1615 herausgab;[5] 1660 folgte der „Märtyrer-Spiegel" mit einer ähnlichen Diktion.[6]

Im ersten Martyrologium fordert der Kompilator die Lesenden ganz im Sinne der täuferischen Erinnerungspolitik dazu auf, die verzeichneten Täuferinnen und Täufer als „Kinder Gottes" und „Exempel" zu verstehen,[7] die sich nahtlos in die Zeugnisse des Alten und Neuen Testaments einpassen ließen. Auch ihr Leben, ihre Standhaftigkeit im Verhör und ihr Tod seien göttlich inspiriert und sollten deshalb die Lebensführung der Lesenden nachhaltig prägen.[8]

Beschrieben werden dann Aushandlungsprozesse für eine Erinnerungskultur der Glaubensgemeinschaft.[9] Märtyrergeschichten sind also nie als Erweis der tatsächlichen Glaubensfestigkeit einer Bewegung zu verstehen, sondern eher als Hinweis darauf, dass diese Festigkeit erwünscht war und zudem das Bild und die Narrative der Gemeinschaft formen sollte. Wehrlosigkeit und Gottesfurcht sind demnach Kategorien einer täuferischen Erinnerungspolitik, die sich in literarischen Zeugnissen präsentiert und entsprechend zu bewerten ist.

---

4   Vgl. ebd.
5   Vgl. Hans de Ries: Historie der Martelaren ofte waerachtige Getuygen Jesu Christi […]. Haarlem 1615.
6   Vgl. Thielemann Jansz van Braght: Het Bloedig Tooneel of Marteaers Spiegel der Doops-Gesinde of Weerelose Christenen. Dordrecht 1660.
7   Für beide Zuschreibungen Samuel Cramer (Hrsg.): Offer, 54.
8   Vgl. a. a. O., 53.
9   Vgl. Astrid Erll: Kollektives Gedächtnis und Erinnerungskulturen. Eine Einführung. Stuttgart, Weimar 2005.

Hinrichtung zweier junger Mädchen, Bistum Bamberg, um 1550; Darstellung aus dem »Märtyrer-Spiegel« (1780)

Quelle:

Landgebot der Herzoge von Bayern gegen die „Wiedertäufer" (1527)[1]

Wiewohl wir als Cristlich Fürsten Got dem allmächtigen ze lob und ze Erhaltung unsers waren cristlichen Glaubens, und desselben langherbrachten loblichen Ceremonien Auch ze Ehre der gebenedeiten Mutter unsers heiligmachers Jhesu Christi, aller lieben Hailigen und himmlischen Hörs darzu auf bäbstlicher Heiligkait und kaierlichem Majestat Edict Mandat [...] offentlich verkonden verruffen und gebieten haben lassen. Damit Ir euch und die Euern der verfüerischen falschen lere und ketzerischen Artickel Im heyligen Röm. Reich [...] durch etliche falscher lere auferstanden, daurch die heyligen Sacramente veracht, und mit verkerter auslegung verändert. [...]

Also daß über das alles aus etlichter verplenter falscher ketzerisch lere ietzt ein sonder neue sect so man die Widertäuffer nennt mit Verkehrung verwerffung und vernichtung aller Sacrament mit andern vil poshaftigen uncristlichen und unmenschlichen Anhängern in unsern landgrenze sich zutragen wollen. [...] Das dieselben Ketzer noch Ir Anhänger enthallter und verwanten an keinem Ort, wo die erfarn oder betretten In ainig weg geduldet, sondern gegen denselben mit vennktlicher annemmung und peinlichen strengen rechte gestrafs und ernstlich gahndelt werden soll.

---

1 Anhang, in: Vitus Anton Winter: Geschichte der baierischen Wiedertäufer im sechszehnten Jahrhundert. München 1809, 171-173.

Quelle:

Gutachten der Nürnberger Gelehrten zu den Täufern (29. April 1531)[1]

Mein gnediger herre marggrave Georg zu Brandenburg hat drei widertaufer zufenklicher verhaft nehmen lassen, bitten seiner f.g. stathalter und rate zu Onolzbach meine herrn ein erben um underricht irs rat und gutbedunkens, mit was strafe gegen denselben zugeparn sei. [...]

Die gaistlichen oder theologen sagen, das diese und andere irtum im heiligen cristlichen glauben nach besage der gottlichen geschrift anders nit dann mitdem wort gottes sollen und mogen ausgereut werden und nit durch das schwert. Es gepuere sich auch der oberkeit kainswegs mit der scherpf ins glaubens sachen zu legen, es were dann, das sich jemand neben seinem irtum zu rottereien und aururn einließ; alsdann hab es der oberkait halb mit der strafe kain strit. [...]

Aus den juristen sagen etlich: das widertaufen sei im weltlichen oder kaiserlichen rechten hoch verpoten und sollen die verprecher mit dem schwert gestraft werden. [...] Und wiewol diese straf um des widertaufens allein willen under den christen etwas vil zu scharf und heftig sein mag, konnen soch doch neben dem und daraus wol felle begeben und zutragen, dodurch einer an sein leib und leben strafbar werde. [...]

---

1 Karl Schornbaum (Hrsg.): Quellen zur Geschichte der Wiedertäufer. II. Band: Markgraftum Brandenburg (Bayern I. Abteilung). Leipzig 1934 (ND New York, London 1971), Nr. 251, 224-228.

Nicole Grochowina

DAS MARKGRAFENTUM BRANDENBURG-KULMBACH – UND SEINE TÄUFER

Gegen Ende der 1520er Jahre gab es große Not im Ober- und Unterland des Markgrafentums Brandenburg: Ungewiss war, was mit den Reichsständen passieren würde, die sich dem reformatorischen Geschehen anschlossen. Außerdem flammten vor Ort die Bauernunruhen von 1524/25 auf und mussten niedergeschlagen werden.[1] Und schließlich wurde eine neue Bedrohung sichtbar, die fortan den Namen „Wiedertäufer" trug.[2] Diesen wurde zugeschrieben, eine falsche und irrige Lehre zu verbreiten und auf diese Weise Aufruhr anzuzetteln.

Woher die Täufer im Markgrafentum genau kamen, ist noch weitgehend ungeklärt. Bekannt ist, dass sich etwa im Umfeld von Bayreuth, in Erlangen, Hof, Busbach, Lahm, Baiersdorf, Fürth, Gründlach und an anderen Orten Täufer fanden, zu denen nicht nur Bauern, sondern auch Pfarrer, Tuchmachergesellen und Frauen gehörten. Die Landesherrn des Markgrafentums chan-

---

1   Vgl. Der Markgrafen Anzeigen (1525), in: Emil Sehling (Hrsg.): Die evangelischen Kirchenordnungen des XVI. Jahrhunderts. Bd. 11, 1: Bayern, Franken. Tübingen 1961, 84–87.
2   Zum Begriff vgl. Kirchenordnung 1533, in: Emil Sehling (Hrsg.): Kirchenordnungen, 140–205, hier: 163.

gierten nun zwischen reichsrechtlichen Bestimmungen, die es seit 1529 anzuwenden galt, eigenen Lösungsversuchen, die darauf zielten, dem Schwäbischen Bund Genüge zu tun, und der eigenen Bevölkerung und damit der Gemeindereformation, die ebenfalls zu ihrem Recht kommen sollte.

Vor diesem Hintergrund schrieb Markgraf Kasimir[3] am 1. April 1527 an seinen Bruder Albrecht von Preußen, dass gleich an mehreren Orten „seltsame Praktiken" in Religionsdingen zu finden seien.[4] Eine „neue tauf" sei ebenso zu beobachten wie andere „uncristlich ding". Und er präzisierte in einem Schreiben an seine Amtmänner, Richter, Bürgermeister und Räte vom 9. April 1527: „Leichtfertige Personen" fänden sich an unterschiedlichen Orten zusammen, um die „neu tauf" aufzurichten und sich damit auch gegen die Obrigkeit zu wenden.[5]

Auch der Rat der Stadt Nürnberg machte Druck, um die „neue vergiftete sect der widertaufer" einzuschränken, denn deren Existenz laufe nicht allein der Ehre Gottes, sondern auch dem gemeinen Nutzen zuwider.[6] Einzelne Verhöre und Bekenntnisse aus dem Markgrafentum machen zudem deutlich, dass es sich bei

---

3 Zu Markgraf Kasimir vgl. Martin Gernot Meier: Systembruch und Neuordnung. Reformation und Konfessionsbildung in den Markgrafentümern Brandenburg-Ansbach-Kulmbach 1520–1594. Religionspolitik, Kirche, Gesellschaft. Frankfurt am Main, Berlin, Bern 1999, 76–86.

4 Kasimir an Herzog Albrecht von Preußen (1. April 1527), in: Karl Schornbaum (Hrsg.): Quellen zur Geschichte der Täufer. Bd. 2, I: Markgrafentum Brandenburg. Leipzig 1934, 22.

5 Kasimir an alle Amtmänner, Kastner, Richter, Bürgermeister und Räte (9. April 1527), in: Karl Schornbaum (Hrsg.): Quellen, 23.

6 Bürgermeister und Rat von Nürnberg an die Statthalter und Räte zu Ansbach (23. September 1527), in: Karl Schornbaum (Hrsg.): Quellen, 39.

den Täufern um eine ernstzunehmende Größe zu handeln schien, weil sich hier nicht zuletzt über Familien und Freunde Netzwerke bilden konnten. So berichtet ein Täufer aus Busbach 1527, wie er getauft worden sei und dann beschlossen habe, Kirchen und Wirtshäuser zu meiden. Auch wollte er sich fortan nicht mehr unter die Zeichen der Fürsten stellen. Diese Geschichte ging von Mund zu Mund und in der Konsequenz hätten sich gleich mehrere Bauern erneut taufen lassen. Auch sie berichteten davon, fortan nicht mehr in die Kirche zu gehen und sich aller weltlichen Freuden zu enthalten.[7] Drei dieser Bauern fanden sich schließlich im Gefängnis von Bayreuth wieder.[8]

Doch es waren nicht nur Bauern, die sich zu den Täufern hielten. Im Mai 1529 verhörten die Amtmänner den Schalkhauser Pfarrer Johannes Hechtlein. In diesem Verhör bekannte er, dass er die Kindertaufe ablehne, weil Kinder auch nicht in der Lage seien, das Sakrament des Altars zu empfangen.[9] Zudem könnten sie ihre Sünden nicht bekennen – doch genau dies sei die dringende Voraussetzung für die Taufe.

Und schließlich waren auch die Räte und Amtsleute nicht immer in der Lage, die landesherrlichen Mandate gegen die Täufer durchzusetzen. In Windsheim bemühten sich einige Täufer um 1535 offenbar darum, ein zweites Täuferreich aufzurichten, nachdem das erste

---

7 Vgl. Bekenntnis der Wiedertäufer zu Bußbach, in: Karl Schornbaum (Hrsg.): Quellen, 57–59.
8 Vgl. Notizen über Wiedertäufer in Bayreuth (1527), in: Karl Schornbaum (Hrsg.): Quellen, 59f., hier: 60.
9 Vgl. Verhör des Joh. Hechtlein, Pfarrers zu Schalkhausen (9. Mai 1529), in: Karl Schornbaum (Hrsg.): Quellen, 160.

in Münster vernichtet worden war.[10] Geradezu erbost wandte sich Markgraf Georg deshalb an seinen Kanzler Georg Vogler, denn er stellte fest, dass die Täufer in Windsheim sehr glimpflich bestraft würden.[11] Vogler hatte hierfür eine Erklärung, hatten doch offenbar einzelne Amtmänner den Räten verschiedene Berichte über die Täufer vorenthalten und auch die amtlichen Mandate weitgehend unbeachtet gelassen.[12]

Ungeachtet dieser Geschichten ist dennoch festzuhalten, dass der Vorwurf, Täufer zu sein, sich auch schlicht an die Gemeindeglieder richten konnte, die Schwierigkeiten mit dem Abendmahl hatten und diesem beispielsweise für viele Jahre fernblieben. Zudem wurden hier auch spiritualistische Kreise subsumiert, die mit prophetischer Rede und Visionen auf sich aufmerksam machten. Alle zusammengenommen führen dennoch zu dem Schluss, dass es sich bei den Täufern letztlich doch um harmlose kleine Gruppen handelte, die letztlich im Gemeindeleben aufgingen.[13]

Markgraf Georg sah dies freilich anders. Dabei stützte er sich nicht nur auf die Berichte aus den Ämtern und auf die Sorge, dass abweichende Auffassungen und Aufruhr immer eng miteinander verknüpft waren, sondern er verwies auch auf den Erlass des sogenannten „Wiedertäufermandats" auf dem Reichstag in Speyer 1529 und

---

10 Vgl. Georg Vogler an Markgraf Georg (26. Mai 1535), in: Karl Schornbaum (Hrsg.): Quellen, 341.
11 Vgl. Markgraf Georg an Georg Vogler (29. Mai 1535), in: Karl Schornbaum (Hrsg.): Quellen, 341.
12 Vgl. Georg Vogler an Markgraf Georg (3. Juni 1535), in: Karl Schornbaum (Hrsg.): Quellen, 341f.
13 Vgl. C. Scott Dixon: The Reformation and Rural Society. The Parishes of Brandenburg-Ansbach-Kulmbach, 1528–1603. Cambridge 1996, 143.

auf die Ereignisse des Täuferkönigreichs von Münster 1534/35.

Wie virulent die Frage nach der Taufe im Markgrafentum war, zeigt der Blick in die vorläufige Kirchenordnung von 1528.[14] Hier geht es gleich im ersten Kapitel um die Taufe und schon zu Beginn wird darauf hingewiesen, dass es gelte, „neugeporen kindlein" zu taufen. Dies solle vor vielen Menschen geschehen.[15] Mit anderen Worten: Die Taufe eines Kindes sollte von vielen bezeugt werden, damit es später nicht zu Unstimmigkeiten kam.

In der Bewertung der Kirchenordnung muss allerdings mehr als eine Interessenslage berücksichtigen werden. Dies zeigte sich etwa beim Markgrafen Kasimir, der sich entsprechend seiner reichspolitisch ausgerichteten Ambitionen für einen eher vorsichtigen Umgang mit den Täufern entschied und im April 1527 seinen Amtmännern und Räten befahl, mit dem Adel und den Prälaten „die ding [eher] in geheim" zu halten. Selbstredend sollten diejenigen verhaftet werden, die leichtfertig erschienen. Doch die Amtmänner sollten dann offiziell keine weiteren Schritte einleiten, sondern nur „in geheim [..] vleissig achtung" haben und alle Fälle an den Markgrafen melden.[16]

Kam es allerdings zum Aufruhr, der durch Predigten begonnen und vorangetragen wurde, dann musste erkennbar durchgegriffen werden, weil sonst die Obrigkeit gefährdet sei. In solchen Fällen galt das Predigtmandat von 1525. Darin ermahnen die beiden Brüder Kasimir

---

14 Vgl. Die brandenburgisch-nürnbergische Kirchenordnung von 1528, in: Emil Sehling (Hrsg.): Kirchenordnungen, 135–139.
15 Ebd., 135.
16 Kasimir an alle Amtmänner (9. April 1527), 23.

und Georg ihre Untertanen, dass aufrührerische Predigten auf keinen Fall geduldet würden. Alle, die dies von der Stunde des Erlasses an dennoch tun würden, müssten mit Gefängnisstrafen und sogar mit Strafen an Leib, Leben und Gut rechnen.[17]

Klarer verhielt sich in dieser Frage Markgraf Georg, der nach seinem Amtsantritt schon am 5. Januar 1528 ein erstes Täufermandat erließ. Doch ungeachtet der klaren Setzungen darin ging es ihm auch darum, einen eigenen Weg zu finden, indem er sich die Zeit nahm, diese „neue sect oder bruderschaft" genauer zu beschreiben, um dann nach adäquaten und differenzierten Formen der Bestrafung und des Schutzes der Gemeinden zu suchen.[18] Markgraf Georg hielt fest, dass es „etliche" Lehrer gebe, welche die Kindertaufe als unnütz verwerfen und mit ihren Reden in die „herzen der einfeltigen unverstendigen menschen" eindringen würden. Zudem richteten diese Kreise eine Gütergemeinschaft auf und könnten deshalb nicht mehr der Obrigkeit den erforderlichen Zoll und Zins leisten. Und erst dann kommt er zu dem Schluss, dass ein solches Verhalten zum Aufruhr führe, der letztlich in den „zeitlichen und ewigen abfal des christentums" münden werde.

Zudem appelliert Georg im Täufermandat von 1528 auch an die Eigenverantwortung seiner Untertanen, wenn er betont, dass es ihre Aufgabe sei, solchen Predigten zu fliehen, die „Wiedertaufe" nicht zu empfangen, derartigen Predigern keine Unterkunft zu gewähren

---

17 Vgl. Der Markgrafen Anzeigen (1525), 84–87.
18 Vgl. Mandat des Markgrafen Georg gegen die Wiedertäufer (5. Januar 1528), in: Karl Schornbaum (Hrsg.): Quellen, 96–99.

und solches Verhalten zur Anzeige zu bringen. Darauf würde sich der Markgraf „ernstlich verlassen".[19]

Außerdem verzichtet der Markgraf in diesem Mandat darauf, in martialischer Weise mit Hinrichtungen zu drohen, sondern richtet vielmehr die Aufforderungen an die Pfarrer, durch gute Gottesdienste und einem ebensolchen Unterricht die Winkelpredigten zu verhindern. Wer dann immer noch die Lehre verachte, der müsse allerdings mit „gleicher und der höchsten ernstlichen straf" rechnen, die sich auf Leib, Leben oder Gut erstrecken könne. Am bereits benannten Pfarrer von Schalkhausen, Johann Hechtling, lässt sich zeigen, was damit gemeint sein konnte: Den Handlungsspielraum nutzend, den diese Formulierung vorgab, wurde in seinem Fall entschieden, dass Hechtling für einen Monat außerhalb des Fürstentums leben sollte. Dann könne er in sein Amt zurückkehren, sofern er weder öffentlich noch heimlich etwas zu seiner aktuellen Auffassung zur Taufe schreibe.[20] Von einer Hinrichtung war also nie die Rede.

Diese differenziertere Haltung gegenüber Täufern und anderen Ketzern spiegelt sich wider in der Kirchenordnung von 1533,[21] die vom Markgrafentum und der Reichsstadt Nürnberg gemeinschaftlich eingesetzt worden ist: Die Kirchenordnung ist nicht blind für die Vielfalt der Glaubensauffassungen in Stadt und Land, sie benennt, dass es „falsche und verfürische menschenlere" gebe, und sie hält auch fest, dass es eine „tegliche"

---

19 Ebd.
20 Vgl. Bescheid der Regierung zu Ansbach in Sachen Joh. Hechtleins und der Ansbacher Wiedertäufer, in: Karl Schornbaum (Hrsg.): Quellen, 162f., hier: 162.
21 Vgl. Kirchenordnung 1533, in: Emil Sehling (Hrsg.): Kirchenordnungen, 140–205.

Erfahrung sei, mit „falscher, verfürischer, gleißender leer"[22] konfrontiert zu werden, Dazu zählte auch das Täufertum, welches nach der Auffassung des Markgrafen Georg nicht nur die Kindertaufe verneinte und ein problematisch Verhältnis zum Abendmahl pflegte, sondern auch die Menschen lehre, dass niemand ein Christ sei, wenn er nicht um seines Glaubens verfolgt werde.[23]

Doch wie war damit umzugehen? Immer ging es darum, Aufruhr und Unruhe zu vermeiden. Und so erklärt die Kirchenordnung, dass die Prediger hier eine besondere Aufgabe hätten: Sie müssten die Gemeinden schützen, damit diese durch Widerspruch und Einreden nicht in Irrungen gerieten. Dann sei es ihre Aufgabe, die Lehre der Ketzer zu widerlegen, so dass sich letztlich ein Dreischritt ergebe, nämlich: „den irtum aufdecken, den widersprechern das maul stopfen und also [die] [..] schäflein vor der verführung erretten".[24] Die Auseinandersetzung erfolge also „schrift gegen schrift", denn auch die Ketzer würden mit dem biblischen Wort argumentieren. Deshalb sei es auch besonders wichtig, dass die „rechtschaffenden Prediger" sich ständig im Gebrauch der Schrift übten, denn „schrift gegen schrift halten, erfordert, das man die schrift allenthalben wisse".[25]

Es ist ein Indiz für einen realpolitischen Ansatz, der hier deutlich wird. Er zeigt die Annahme, dass umfängliche Verfolgungen, durch welche Menschen auch aus ihren sozialen Zusammenhängen gerissen würden, letztlich zum Aufruhr führen könnten. Überdies leuch-

---

22 Alle Zitate in: Kirchenordnung 1533, 141f.
23 Vgl. a. a. O., 163.
24 A. a. O., 143.
25 Ebd.

tet in diesen Setzungen auch auf, dass Markgraf Georg davon ausging, dass seine Fürstenreformation die Prediger hervorbrachte, die mit Wissen und Geschick ihre Gemeinden beruhigen und den Unruhestiftern widerstehen könnten.

Quelle:

Bayernlied von 1585.
Erzählung von hingerichteten Täufern[1]

Ein anderes Lied von fünf Brüdern, die man ums Glaubens willen in Baierland gerichtet hat.

1
Himmlischer Gott und Herre,
Laß dich's erbarmen schier,
Der Satan wüt't jemehre,
Die Welt hat groß Begier
Nach dem Blut deiner Kinder,
Die allein fürchten dich,
Wiewohl sie kein Schuld finden,
Noch töten sie's frevntlich.

2
Wie es jetzt ist ergangen
Zu Burghausen fürwahr,
Da sein noch g'legen g'fangen
Ums Glaubens willen klar
Vier fromme Christenmannen,

---

[1] Hutterische Brüder (Hrsg.): Die Lieder der Hutterischen Brüder. Gesangbuch darinnen viel u. mancherlei schöne Betrachtungen Lehren Vermahnungen Lobgesänge u. Glaubensbekenntnisse von vielen Liebhabern Gottes gedichtet u. aus vielen Gesch. u. Hist. d. heil. Schrift zsgetr. allen frommen Liebhabern Gottes sehr nützlich zu singen u. zu lesen. 7. Aufl., Falher (Alberta) 2007, 763-768.

Unsere Brüder bekannt,
Der erst' Leonhart mit Namen,
Der Summerauer g'nannt.

3
Dem haben sie gleich balde
Streng Marter angelegt
Und ihn fünfmal derg'stalte
Ganz härtiglich gereckt.
Ihn auch zweimal mit Grimmen
An die Leiter gespannt,
Sie schafften nichts hierinnen,
Er bleib in großem Bestand.

4
Also hat er die Zeite
Schmerzen und Trübsal viel,
Darzu groß Kampf und Streite
G'litten ums Glaubens will'.
Er hat dies alles tragen,
Darumen daß er sich
Nimmer zur Welt wöll' schlagen,
Die jetzt lebt so schändlich.

5
Als er nun lag gefangen
Mehr dann ein halbes Jahr,
Führten's ihn mit Verlangen
Wohl zu der Richtstatt dar.
Vier Pfaffen da mit gingen,
Die hielten an gar streng,
Daß er sollt folgen ihnen,

Von sein Glauben absteh'n.
[...]

13
Da sie nun sahen bereite,
Daß nicht mehr half allda,
Der Henker ihm die Pfaidte
Vom Hals streifet also.
Der Kirchherr noch einmale
Leget groß Bitten an,
Daß er doch absteh'n wölle,
Würd' man ihn ledig lan.

14
Er sprach: Ich tu's mit nichten,
Ich laß mich nicht abkehr'n,
Mein Herz tu ich ganz richten
Zu Christo, meinem Herrn.
Der Henker sprach ohn' Laugnen:
Nicht gern richt' ich dich hin,
Das Schwert vor seinen Augen
Aus und ein ruckt vor ihm.

15
Daß er sich soll entsetzen
Und in ein Schrecken fall',
Aber nichts möcht' ihm letzen
Auf Erden überall.
Also ward er zuhande
Mit dem Schwert hingericht't
Aus diesen Trübsal Banden,
Des haben wir g'nugsam bericht.

[...]

44
Zum B'schluß ihr alle Fromme,
Die ihr zur Seligkeit
Samt ihnen begehrt zu kommen,
Auf dem Weg b'ständig seid,
Keins laß sich nicht umkehren,
Beharrt im Glauben für sich,
Die Gnad' Christi des Herren
Sei mit euch ewiglich. Amen.

Jonathan Reinert

BALTHASAR HUBMAIER UND DIE VERTREIBUNG DER JUDEN AUS REGENSBURG

Zu den bedeutendsten Akteuren der frühen Täuferbewegung gehört Balthasar Hubmaier (*ca. 1480/85; †1528). In Auseinandersetzung mit der Zürcher Reformation kritisierte der gebildete Theologe und eloquente Prediger die Kindertaufe und verteidigte die Glaubenstaufe. Nicht zuletzt aufgrund seiner zahlreichen zeitgenössisch gedruckten Schriften wurde er in der Außenwahrnehmung zu einem der führenden Köpfe der täuferischen Bewegung in der Reformationszeit. Für eine kurze Episode konnte er in der zweiten Hälfte der 1520er Jahre in Nikolsburg (Mähren) eine eigene, täuferisch gefärbte städtische Reformation prägen, die nicht nur im Horizont der reformatorischen Bewegung insgesamt, sondern auch innerhalb des täuferischen Spektrums eigene Akzente setzte.

Für Bayern ist jedoch weniger Hubmaiers Tätigkeit als täuferischer Theologe, Prediger und Kirchenpolitiker relevant, sondern die Zeit vor diesem Wirken. Hubmaier studierte an den Universitäten Freiburg im Breisgau und Ingolstadt und wurde in Ingolstadt zum Doktor der Theologie promoviert. Sein wichtigster Lehrer war der Theologieprofessor Johannes Eck, der sich im Ketzerprozess gegen Martin Luther als dessen bedeutendster theologischer Gegner profilieren konnte. Zugleich schlug Hubmaier eine priesterliche Laufbahn ein und erhielt 1516 die Stelle des Dompredigers in Regensburg. Als solcher war er nicht nur Zeitgenosse, sondern aktiv Beteiligter an den Ereignissen der Vertreibung der Juden und der Etablierung einer Wallfahrt im Jahr 1519.

Die Judengemeinde in Regensburg und ihre Vertreibung 1519

In Regensburg lebte im ausgehenden Mittelalter eine der traditionsreichsten und größten jüdischen Gemeinden des Heiligen Römischen Reichs Deutscher Nation.[1] Bereits seit dem frühen 11. Jahrhundert ist innerhalb der Stadt eine jüdische Siedlung (habitacula Iudaeorum) archivalisch belegt, die zu einem beachtlichen Viertel mit Synagoge anwuchs, das sich im Herzen der Stadt in Nähe zu Dom und Rathaus befand. Auch eine Talmudschule etablierte sich im hohen Mittelalter, die in den Bereichen der jüdischen Theologie und Mystik weite Ausstrahlung hatte.[2]

Während es an vielen Orten im späten Mittelalter zu Pogromen kam, insbesondere im Zusammenhang der Pestepidemie Mitte des 14. Jahrhunderts, verliefen diese Krisen für die Juden in Regensburg vergleichsweise

---

1 Vgl. Klaus Himmelstein (Hrsg.): Jüdische Lebenswelten in Regensburg. Eine gebrochene Geschichte. Regensburg 2018; Rolf Kießling: Jüdische Geschichte in Bayern. Von den Anfängen bis zur Gegenwart. Berlin, Boston 2019; Ulrike Lewandowsky: Toleranz und ihre Grenzen. Die jüdische Gemeinde und das Pogrom in Zeiten wirtschaftlicher Not, in: Peter Morsbach (Hrsg.): Regensburg. Metropole im Mittelalter. Regensburg 2016, 248–254.
2 Vgl. Andreas Angerstorfer: Regensburg als Zentrum jüdischer Gelehrsamkeit im Mittelalter, in: Michael Brenner, Renate Höpfinger (Hrsg.): Die Juden in der Oberpfalz. München 2009, 9–26.

glimpflich. Im 15. Jahrhundert jedoch erlebte die Stadt insgesamt einen wirtschaftlichen Niedergang, der sich unter anderem auch in stärkeren Anfeindungen gegen Juden entlud. Verschiedene geistliche und weltliche Akteure der Stadt agierten dabei zusammen, während die Judengemeinde unter kaiserlichem Schutz stand. Ein wichtiges Ereignis der Aktivitäten gegen die Juden war ein Prozess aufgrund von Ritualmordanschuldigungen in den Jahren 1476–1480. Zwar konnte eine Vertreibung der Juden zu dieser Zeit durch die Intervention des Kaisers Friedrich III. abgewendet werden. Doch neben den ohnehin hohen regelmäßigen Abgaben, die die Juden zu entrichten hatten, führte sie dieser Prozess in tiefe Verschuldung und damit Verarmung. Trotz kaiserlicher Mandate verschlechterte sich die Situation der Juden um 1500 zunehmend. Nach dem Vorbild anderer Städte wurde 1514 der Versuch unternommen, die Juden durch eine neue Verordnung von der christlichen Bevölkerung möglichst weitgehend zu separieren. Zwar scheiterte diese ‚Judenordnung' am Veto Kaiser Maximilians I., doch strebte die Stadt direkt einen weiteren Prozess an, der nun vor dem Innsbrucker Regiment als Schlichtungsstelle abgehalten wurde. Während dieses mehrjährigen Innsbrucker Prozesses zwischen Stadt- und Judengemeinde (1516–1522) starb Kaiser Maximilian I. am 12. Januar 1519.[3] Das kurzzeitige Machtvakuum, in dem auch der Innsbrucker Prozess unterbrochen

---

3 Ausführlich dazu Veronika Nickel: Widerstand durch Recht. Der Weg der Regensburger Juden bis zu ihrer Vertreibung (1519) und der Innsbrucker Prozess (1516–1522). Wiesbaden 2018. Pionierarbeit geleistet hat Raphael Straus: Die Judengemeinde Regensburg im ausgehenden Mittelalter. Aufgrund der Quellen kritisch untersucht und neu dargestellt. Heidelberg 1932.

wurde, nutzen die reichsstädtischen Akteure, um die Juden aus Regensburg zu vertreiben. Anfang Februar beschlossen die drei städtischen Gremien – Innerer Rat, Äußerer Rat und Ausschuss –, nun unmittelbar gegen die Juden der Stadt vorzugehen. Diese wiederum wandten sich an das Innsbrucker Regiment mit der Bitte um Schutz. Als jedoch der Innsbrucker Gesandte Johann Zasius Regensburg am 24. Februar erreichte, war die Vertreibung bereits in vollem Gange. Am 21. Februar hatte der Stadtrat beschlossen, dass alle Juden Regensburg innerhalb von fünf Tagen zu verlassen haben. Die Ereignisse überschlugen sich. Wohl noch am Tag des Beschlusses wurde mit dem Abriss der Synagoge begonnen.

Welche Rolle spielte in diesem Zusammenhang Balthasar Hubmaier?[4] Die Vertreibung der Juden muss im Zusammenhang langer Interessens- und Machtkonflikte unterschiedlicher lokaler Akteure und der Reichpolitik verstanden werden. Was die akute antijüdische Stimmung in Stadtgemeinde und Rat anbelangt, darf die Wirkung des Dompredigers Hubmaier jedoch nicht unterschätzt werden. Wiederholt hat er in Predigten scharf gegen ‚Wucher' und das Zinswesen polemisiert und dabei konkret die Juden angegriffen. War traditionell das Darlehensgeschäft den Juden vorbehalten, weil es Christen nach kanonischem Recht untersagt war, Zinsen zu nehmen, so wurden die Juden als Pro-

---

[4] Vgl. Thorsen Bergsten: Balthasar Hubmaier. Seine Stellung zu Reformation und Täufertum 1521–1528. Kassel 1961, 76–86; Rosa Micus: Balthasar Hubmaier, die Juden und die Täufer. Zum Wirken Hubmaiers in Regensburg und Waldshut, in: Verhandlungen des Historischen Vereins für Oberpfalz und Regensburg 160 (2020), 137–152.

jektionsfläche für die Sünde des ‚Wuchers' schlechthin genutzt und mit weiteren Anschuldigungen der ‚Gotteslästerung' kombiniert. Auch wenn keine Predigten aus dieser Zeit erhalten sind, so erscheint der Prediger in den Jahren 1518/1519[5] mehrfach in den überlieferten Akten zu Konflikten mit den Juden.[6] Aussagekräftig ist etwa ein Verfahren, in dem auf die Bitte der Regensburger Juden hin ein kaiserlicher Gesandter eine (kurzzeitige) Ausweisung Hubmaiers aus der Stadt erwirkte, da seine Predigten gegen die Juden ‚Aufruhr' hervorgerufen hätten. Gestützt und verteidigt wurde der Domprediger jedoch von der städtischen Obrigkeit, die selbst stärker gegen die Juden vorgehen wollte und dies nach dem Tod Maximilians I. auch tat.

Die Wallfahrt zur „Schönen Maria" in Regensburg

Mit der Ausweisung der Juden aus Regensburg verbindet sich ein weiteres Ereignis, das Hubmaier erneut als Prediger hervortreten lässt.[7] Beim Abriss der Synagoge verunglückte der Steinmetz Jakob Kern schwer, doch war er in kürzester Zeit wieder genesen. Dies wurde als ein von der Gottesmutter Maria gewirktes Wunder

---

5   Eine lange Zeit irrtümlich in das Jahr 1516 datiertes Schriftstück mit Beschwerden von Händlern und Handwerkern gegen die Juden, in denen auf Hubmaier rekurriert wird, gehört ebenfalls ins Jahr 1518. Vgl. Veronika Nickel: Widerstand, 301–303.
6   Vgl. Raphael Straus (Hrsg.): Urkunden und Aktenstücke zur Geschichte der Juden in Regensburg 1453–1738. München 1960.
7   Vgl. Karl Bauer: Regensburg. Kunst-, Kultur- und Alltagsgeschichte. Regenstauf ⁶2014, 826–837; Wolfgang Neiser: Die Wallfahrt zur „Schönen Maria zu Regensburg", in: das münster 63 (4/2010), 243–251; Gerlinde Stahl: Die Wallfahrt zur Schönen Maria in Regensburg, in: Georg Schwaiger, Josef Staber (Hrsg.): Beiträge zur Geschichte des Bistums Regensburg 2. Regensburg 1968, 35–282.

verstanden, denn es bestand bereits der Plan, nach dem Vorbild anderer Städte (wie Nürnberg, Rothenburg ob der Tauber und Würzburg) die Synagoge in eine Marienkapelle umzuwandeln.

Die Ereignisse der Vertreibung der Juden und der Wunderheilung des Steinmetzes beim Abriss der Synagoge lösten eine Wallfahrt aus, die in den Jahren 1519 und 1520 reichsweit für Aufsehen sorgte. „Zur schönen Maria" nannte man auf Vorschlag Hubmaiers die in wenigen Tagen errichtete Holzkapelle. Der Regensburger Maler Albrecht Altdorfer, der noch 1519 in den Äußeren Rat und wenige Jahre später in den Inneren Rat der Stadt aufgenommen werden sollte, fertigte ein Altarbild der „Schönen Maria von Regensburg" an. Am Festtag Mariä Verkündigung, dem 25. März, wurde der Altar geweiht und kurz darauf eine Marienfigur aus dem Dom auf den Vorplatz der Kapelle gebracht. In Volksliedern[8] und mit Holzschnitten wurden die Geschehnisse auf Flugblättern verbreitet. Die Menschen strömten nach Regensburg zur „Schönen Maria": Von zahlreichen organisierten Prozessionen wird berichtet, von tausenden gelesenen Messen in wenigen Monaten und zehntausenden Pilgern an kirchlichen Festtagen. So bediente die aufkommende Wallfahrt auf der Grundlage eines weit verbreiteten christlichen Antijudaismus sowohl religiöse Bedürfnisse der Gläubigen als auch monetäre Bedürfnisse einer Reichsstadt. Denn ein solches Ereignis war für die Stadt Regensburg nicht nur im ideellen Sinn lukrativ: Es brachte nicht nur Ansehen im Volk und im

---

8   Auch der Name Balthasar Hubmaiers taucht in Volksliedern über die Vertreibung der Juden und die Wallfahrt zur „Schönen Maria" auf. Vgl. z. B. Thorsen Bergsten: Hubmaier, 79; Rosa Micus: Hubmaier, 139f.

kirchlichen Kontext mit sich, sondern auch Geld in die Stadt.

Als im September 1519 der Grundstein für die geplante steinerne Wallfahrtskirche gelegt wurde, war darauf zu lesen, dass Hubmaier als erster Kaplan an das Heiligtum zur „Schönen Maria" berufen wurde – er fungierte nun also als Wallfahrtsprediger. Noch im selben Monat stellt Hubmaier die bislang gemeldeten Wunderzeichen und Gnadenerweise zusammen, auf deren Grundlage ein erstes Mirakelbuch gedruckt werden konnte. Weitere Mirakelbücher erschienen bis 1522, doch war die Wallfahrtseuphorie zu der Zeit bereits abgeflaut. Hubmaier selbst hatte die Stadt bereits Ende 1520 im Zusammenhang einer in Regensburg kursierenden Pest verlassen[9] und war nach Waldshut am Bodensee gegangen. Dass die Stadt ihren Prediger – auch aufgrund ausbleibender Einnahmen im Wallfahrtswesen – zurückgewinnen wollte und Hubmaier tatsächlich noch einmal von Jahresende 1521 bis Jahresanfang 1523 an der Marienkapelle tätig war, bevor er wieder zurück nach Waldshut ging, spricht für das Ansehen, das er in Regensburg genoss.

---

9 Dies scheint nicht der einzige Grund, aber jedenfalls der äußere Anlass seines Weggangs aus Regensburg gewesen zu sein. Vgl. Thorsen Bergsten: Hubmaier, 89–93.

Porträt Balthasar Hubmaier
Rechte: Sammlung Studer, Biel

Quelle:

Schuldbekenntnis von Helena von Freyberg (Täufergemeinde Augsburg)[1]

Ir geliebten inn Got, ich bit euch durch Gotes willen, ir wellennt also mein clag uber mich selbs und die erkanntnuß meiner schuld inn gschrift von mir hören, dan ichs furwar mit meinem mundt nit kan reden, zuvor so mein fleisch muß schamrot werden. [...] Ich gib mich von hertzen schuldig meiner grossen ungedult inn der göttlichenn zucht und straff, daruß mir komen ist biterkheit meines hertzen, inwenndig und eusserlich, inn vil unnutzen, leichtfertigen worten und geberden, ouch das ich bey dem namen Gotes leichtfertig geschworn hab und, ungehorsam dem heiligen ewangelion, seiner ordnung, der leer Christi, meiens Herrn (und erlösers)(nit gefolgt hab. [...]

Ich gib mich schuldig, das ich ganntz der lieb gegen Got zufor und neinem bruder gefehlt hab und das gebot Gotes ubergangen hon, daran das ganntz gsatz ligt, das ist: inn dulthmut und freuntligkeit, dann die liebe hat kein bösen eiferr und ist nir widerbeftzig noch mueelich, pleth und blast sich nit uff, ist nit unzuchtig, piterr noch gehzornig, sy dulth und vertregt alles und vertrauth alles guts. [...] Ich hab meinen bruder leren und straffen wel-

---

1 Elena Freybergin bekanntnuß (wie volgt) irer vergreiffung halben etc., in: Heinold Fast, Gottfired Seebaß (Hrsg.): Briefe und Schriften oberdeutscher Täufer, 1527–1555. Das „Kunstbuch" des Jörg Probst Rotenfelder gen Maler. Gütersloh 2007, 512–517, hier: 513–515.

len, bin selber nit glert und strafbar gwesen und habe im den spreissen gsucht und meinen balcken nit gesehenn.

Quelle:

Verhör von Ursula Staudach,
Frau des Bäckers in Kaufbeuren
(12. August 1545)[1]

Sagt, nachdem ihrem Hauswirt die Stadt Khaufpeiern verboten [war], sey Er in die neu Wochen zu Augsburg gewesen und [habe] auf sy gewart[et], biss sy aus dem Kindbetten [ge]gangen. Nachmals ist sy zu ihme gen Augsburg zogen. Sie hab zwei Kinder. Das ein[e] bei drei Jahrn ist tauft, das andere, fünfzehn Wochen alt, ist noch nit tauft. [Sie] sey nachmals mit ihme und andern auf dem Lech gesessen und herab biss gen Grafenwerth gefahren. Dann sie an ihme nicht treulos [sein] noch ihn verlassen wollen [und deshalb] mit ihme gezogen. [...]

Sagt, es sei an Sanct Maria Magdalena-Tag, daß sy all zu Grafenwerth aufgehalten und gefangen [worden seien], folgends hierher überantwort[et] worden. Sy sey nit widertauft; wiss nit, was Gott mir ihr erreichen woll. Sey ihr Will und Meinung noch nit gewesen, sich wiedertaugen zu lassen, Sy hab die Wiedertäufer zu Kauffpeiern beherbergt und aufgehalten. Sagt, daß ihr Mann den Wiedertäfern Geld [ge]geben, wiss aber nit, wiviel.

---

1 Karl Schornbaum (Hrsg.): Quellen zur Geschichte der Täufer, 5. Bd., Bayern: 2. Abteilung. Gütersloh 1951, Nr. 6. 142f.

Astrid von Schlachta

GEMEINDETAG IN REGENSBURG (1938)

1938 kamen Mennoniten und Mennonitinnen aus ganz Deutschland zum vierten Gemeindetag zusammen. Dieser fand in Regensburg statt. Erst 30 Jahre zuvor hatte sich die amische Gemeinde der Region an die Mennonitengemeinde angeschlossen, die sich bereits seit 1893 in der Evangelischen Bruderhauskirche in Regensburg traf.

Mit dem Gemeindetag 1938 gerät eine Zeit in den Blick, die mit gewaltigen Herausforderungen in die Gemeinden hineinwirkte.[1] Glaubensüberzeugungen gerieten unter Druck; bereits in ihrer „Verfassung" von 1934 hatte die „Vereinigung der deutschen Mennonitengemeinden" die Ableistung des Waffendienstes dem Gewissen jedes Einzelnen überlassen. Doch es blieben weitere Fragen: nach der Leistung eines Eides und ganz generell nach dem Verhältnis der Mennonitengemeinden zum Staat.

Der in vielen mennonitischen Institutionen und Verbänden engagierte Christian Neff, Prediger der Gemeinde Weierhof, griff in seiner Rede beim Gemeinde-

---

1 Vgl. generell: Marion Kobelt-Groch, Astrid von Schlachta (Hrsg.): Mennoniten in der NS-Zeit. Bolanden-Weierhof 2017.

tag in Regensburg einige Streitfragen auf.[2] Er verwies auf die lange Geschichte von Spaltungen und Trennungen auch unter den Mennonniten, unter anderem über die Taufe. Neff warnte davor, eine Taufform zur einzig gültigen zu erklären. So sei die erste täuferische Glaubenstaufe in Zürich eine Besprenungs- oder Begießungstaufe gewesen; kurze Zeit später habe Konrad Grebel jedoch Wolfgang Uolimann auf dessen Wunsch hin im Rhein durch Untertauchen getauft.

Auch die Eidesfrage thematisierte Christian Neff. Die Bibel fordere klar dazu auf, keinen Eid zu leisten, so Neff mit Blick auf Mt 5,37. Zudem sei der Eid eine „Herabwürdigung Gottes", da derjenige, der einen Eid leiste, Gott zum „Zeugen [seiner, v. S.] dem Irrtum verfallenen menschlichen Aussage" mache. Und darüber hinaus solle ein Christ „in jedem Fall die Wahrheit sagen", nicht nur unter Eid. Hält man sich vor Augen, dass Anträge von Mennoniten, anstelle des Eides ein Treuegelöbnis auf Führer und Partei ablegen zu dürfen, stets abgelehnt wurden, so entbehren die Aussagen von Neff nicht einer gewissen Brisanz. Im Januar 1939 stellte ein weiteres Schreiben aus dem „Braunen Haus", der NSDAP-Zentrale in München, dann klar, dass auch Mennoniten Eide leisten müssten. Die „Eidesleistung auf den Führer" bedeute „zugleich ein Bekenntnis zum Nationalsozialismus und zu dem vom Nationalsozialismus geforderten Gemeinschaftsgedanken".[3] Doch was einte die Mennoniten des Jahres 1938? Jesus Christus, so Neff. Aber auch da warnte er davor, darüber zu rich-

---

2 Die Rede ist abgedruckt in: Mennonitische Blätter 85 (1938), 82–84. Dort auch die folgenden Zitate.
3 Archiv der Gemeinde Regensburg, Dokument vom 3.1.1939.

ten, ob der oder die andere „richtig" glaube. „Wir wollen und sollen dies einigende Band fest um uns schlingen, so schwach und so unvollkommen es auch hier und dort sein mag."

Quelle:

Tagebuch der Mennonitin Elisabeth Horsch (1938-1941)[1]

24. V. 1938

Etwas ist mir an meinem Heiland immer so groß geworden! Er weiß wie ich bin, ich brauche es ihm nicht zu sagen. Er kennt mein Innerstes, das ich vor allen Menschen verberge, mein Heiland kennt mich. […]

24. Aug. 39

Krieg oder Frieden? – Nun sind wir ein gutes Stück näher daran als damals, als wir davon sprachen auf unserem Ausflug. Wenn es Krieg gibt – dann wirst du stark sein! Dann werde ich stark sein! – Wir müssen stark sein. Stark im Gebet – in der Arbeit. Niemand darf uns schwach sehen. Heute war ich auch beim Abendmahl. Ich verstehe seine Bedeutung wenig oder nicht. Das heißt, ich habe sie noch nicht erlebt. Aber um Kraft habe ich heute gebetet. Wir brauchen Kraft, Du – ich, ob Krieg oder Frieden. In dieser Kraft des Heilandes werden wir stark sein und werden wir siegen.

10. VIIII. 39

Nun ist schon bald 14 Tage Krieg – und dieser Sieg! Ist das nicht herrlich. Du freust dich sicher auch. Und wie arg! Wie

---

1 Helmut Suttor, Astrid von Schlachta (Hrsg.): Abseits der Front. Alltag einer jungen Frau, 1936-1945. Das Tagebuch der Elisabeth Horsch. Bolanden-Weierhof 2018, 17-75, hier: 23, 27f., 50, 69f.

schön ist es doch in einem solchen Vaterland zu leben. Ich habe unsern Führer so gern. Viele Christen sind immer so gleichgültig gegenüber dem Vaterland und unserem Führer. Sie könnens ja sein, von mir aus. Aber sie können von uns nicht verlangen, daß wir auch so sind, denn wir sind jung. Wir lieben unser Vaterland. Wie schön sprach unser Führer in seiner Rede vom 1. Sept. von seiner Jugend, die strahlenden Herzen jedes Opfer bringen wird fürs Vaterland. […]

29.3.41
Heute haben wir Besuch aus Amerika. Das ist immer interessant. Es ist ein Vertreter der Mennoniten in USA, der in Polen und Frankreich ein Hilfswerk leitet. Er ist sehr nett und deutschfreundlich. Ich mag ihn sehr. Er ist schon ziemlich alt und macht z.B. sehr anstrengende Reisen bes. jetzt im Krieg. Er leistet sehr viel. Und dann ist er so nett und gar nicht eingenommen von sich und er geht auf uns alle so ein bißchen ein. Das freut mich. […]

8. Nov. 41
Nun ist ein Soldat im Urlaub hier. Der hat mich gestern heimbegleitet u. gefragt, ob ich am Sonntag mit ihm spazierengehe. Ich sagte, ich wüßte es noch nicht, worauf er meinte, er wolle morgen wieder warten. […] Ich kam zu dem Schluß, Dir darüber zu schreiben u. ruhig zu überlegen, betend das Richtige zu suchen. Nun war aber gestern eben 10 Uhr schon Fliegeralarm. Mein Zimmer ist nicht ganz gut verdunkelt u. ich konnte kein Licht machen. Nun habe ich nimmer drüber nachgedacht u. bin zu keinem Entschluß gekommen. Deshalb hab ich auch heut abend etwas ganz Dummes gemacht u. ich bin ganz selber

Schuld dran. Ich hätt ja heut auch früher aufstehen u. mir Zeit zum Stillwerden nehmen können! – Ich war aber eben nicht entschlossen, wußte nicht ja oder nein. Der redete immer auf mich ein. […] Dann hab ich was ganz charakterloses gemacht. Ich sagte, ich wolle zum Pfarrer in den Mädchenkreis am Sonntagabend. Er wolle mich nachher irgendwo treffen. Ich sagte zu. – Nachher kam mirs vor ich hätte tun sollen. Der Mädchenkreis ist nicht so wichtig. Der wird allgemein hier als Ausrede für Stelldichein genutzt. Das Schlimme ist, daß ich das auch gemacht habe.

EIN- UND AUSWANDERUNG

Hermann Hage

DIE MENNONITISCHE GEMEINDE IM HERZOGTUM SACHSEN-MEININGEN UND IN FRANKEN

Als im Februar 1776 die ersten mennonitischen Pächterfamilien aus dem Neckar-Odenwald-Kreis nach Sachsen-Meiningen kamen, spielte die fränkische Reichsritterschaft eine entscheidende Rolle. Durch ihre Verbindungen zu ihren Standeskollegen im Kraichgau waren die Reichsritter bestens über die Lebensführung und die landwirtschaftlichen Leistungen der dortigen Mennoniten unterrichtet. Die Reichsritterschaft unterstand unmittelbar dem Kaiser und gewährte in ihren kleinen Herrschaften häufig religiöse Toleranz und Niederlassungsfreiheit. Wirtschaftlich erfolgreiche und verlässliche Pächter waren für die Stabilität der kleinen Territorien ein wichtiger Faktor, daher waren Mennoniten willkommen.[1]

Bis zum Ende des Heiligen Römischen Reichs 1806 wanderten zahlreiche Familien in die Einflussbereiche der fränkischen Reichsritter zu. Sie kamen über eine Entfernung von 200 bis 350 Kilometern hauptsächlich

---

1 Vgl. Hermann Hage: Die Entstehung und Entwicklung der mennonitischen Gemeinde im Herzogtum Sachsen-Meiningen und in Franken, von Beginn der Einwanderung 1776 bis zum Ende des 19. Jahrhunderts. Neustadt an der Aisch 2021.

aus dem Kraichgau und dem so genannten Bauland.[2] Spätestens im Jahr 1795 existierte um Meiningen bereits eine Gemeinde, wobei allerdings die Ältesten damals noch aus der Heilbronner Gegend angereist kamen, um Abendmahl und Taufhandlungen zu vollziehen. 1806 umfasste diese Gemeinschaft schon Höfe an 17 Orten, elf davon in Sachsen-Meiningen und sechs im Nordosten des gerade entstehenden bayerischen Untermainkreises, des heutigen Unterfrankens.

Als erstes Zentrum kristallisierte sich nach 1798 der Mönchshof (heute Römhild, Landkreis Hildburghausen, Thüringen) heraus, wo ein großer Versammlungsraum eingerichtet wurde. Mit der Säkularisation ab 1802/03 vergrößerte sich der mennonitische Siedlungsraum nach Westen und Süden in den entstehenden bayerischen Regierungsbezirk Untermainkreis hinein. Bis zur Mitte des 19. Jahrhunderts entstanden etwa 25 neue Ansiedlungen im bayerischen Teil des Grabfelds sowie nördlich und östlich von Schweinfurt. Auch der in Sachsen-Meiningen gelegene Gemeindeteil erfuhr in diesem Zeitraum eine Ausweitung um mehr als zehn Siedlungsorte.

Ein dynamisches 19. Jahrhundert – Aufbau und Konsolidierung

Im bis 1814 bestehenden Großherzogtum Würzburg und auch in Teilen des bayerischen Untermainkreises wurde die Ansiedlung allerdings von den Behörden zu-

---

2 Vgl. Hermann Hage: Aus dem Kraichgau nach Franken, in: Diether Götz Lichdi, Bernhard Röcker, Astrid von Schlachta, Astrid (Hrsg.): Schweizer Brüder in fremder Heimat. Mennoniten im Kraichgau. Bolanden-Weierhof, Sinsheim 2018, 72–79.

nächst durch die Verpflichtung zur Vorlage von Heimatberechtigungsnachweisen der Herkunftsgemeinden für zugezogene Mennoniten und ein Eheschließungsvorbot mit Angehörigen anderer Konfessionen behindert. Erst 1824 wurde dieses Verbot aufgehoben.

Viele Reichsritter verpachteten vor und nach der Säkularisation zahlreiche Güter an Mennoniten. Beispielhaft zu nennen sind dabei die langjährigen Verträge mit den Freiherrn von Stein in Berkach, heute Grabfeld, Thüringen (1796/97 bis ca. 1863) und Roßrieth, heute Mellrichstadt, Unterfranken (ca. 1806 bis 1868), sowie mit den Freiherrn von Bibra in Walldorf, heute Meiningen, Thüringen (1795/96 bis nach 1835), Irmelshausen, heute Höchheim, Unterfranken (1817 bis heute), Brennhausen, Sulzdorf an der Lederhecke, Unterfranken (1838 bis 1967/68), Trappstadt, Unterfranken (1853/54 bis 1951)[3] und auf dem Dörfleshof, Herbstadt, Unterfranken (1883 bis heute).

Nur vereinzelt ließen sich mennonitische Pächter auf Gütern nieder, die in der Säkularisation ab 1803 an den bayerischen Staat gefallen waren. Dies geschah etwa auf dem Dörfleshof von 1809 bis Ende der 1850er Jahre, als das Gut schließlich vom Staat an die Freiherrn von Bibra verkauft wurde. Ebenfalls auf säkularisiertem Klosterbesitz erfolgte in Bildhausen, heute Münnerstadt, die wohl bedeutsamste mennonitische Niederlassung in Unterfranken.[4] Der bayerische Staat hatte Bildhausen

---

3 Zu Trappstadt vgl. Hermann Funck: Die Mennonitengemeinde Trappstadt, Ein Gedenkblatt zu ihrem 150-jährigen Bestehen, in: Mennonitischer Gemeinde-Kalender 52 (1952), 52–55.
4 Vgl. Hermann Hage: Mennoniten in Unterfranken, in: Bezirk Unterfranken (Hrsg.): Unterfranken in Bayern 1814–2014. Historischer Atlas zum 200-jährigen Jubiläum. Würzburg 2014, 94–95.

mit dem zugehörigen Rindhof rasch an solvente Käufer veräußert, die ihrerseits ab 1817 erste mennonitische Pächter anstellten und schließlich 1818/19 die Hälfte der Besitzungen an mennonitische Familien weiterverkauften.

Über einen Zeitraum von 80 Jahren wurde Bildhausen zum religiösen, gesellschaftlich-sozialen und wirtschaftlichen Mittelpunkt der Gemeinde; sogar eine staatlich genehmigte Schule entstand. Eine entscheidende Rolle spielten hierbei der Besitzer David Muselmann (1769–1825) und besonders seine Ehefrau Barbara, geb. Meyer (1774–1852).

Als die zweite Hälfte von Bildhausen und des Rindhofs 1827 verkauft wurde, traten in rascher Folge mennonitische Pächter bei den neuen protestantischen Eigentümern auf. Um die Mitte des 19 Jahrhunderts, als der Besitz von David Muselmanns Witwe zu gleichen Teilen an ihre drei noch lebenden Kinder aufgeteilt wurde, lebten mindestens zehn mennonitische und mehrere protestantische Familien in Bildhausen und auf dem Rindhof. Das ehemalige Sommerrefektorium des säkularisierten Klosters war zur mennonitischen Kirche umgestaltet worden und Gottesdienstbesucher kamen auch von Deutschhof, Thundorf, Lebenhan, Roßrieth, Irmelshausen, Roßdorf und Kleinbardorf. 1840 wurde sogar ein großes neues Wohngebäude errichtet, das u. a. als Alterswohnsitz diente sowie Schule und Lehrerwohnung beherbergte.

In den 1830er Jahren hatte sich ein Streit mit der königlichen Distriktschulinspektion um das Recht auf Anstellung eines Hauslehrers zur Erteilung des mennonitischen Religionsunterrichts zugespitzt. Die mennonitische Seite erreichte schließlich 1837 die Erteilung des gesamten Schulunterrichts durch einen protestantischen Lehrer aus dem Nachbarort. Hartnäckig beantragte Barbara Muselmann 1839 und 1840 die Errichtung einer mennonitischen Schule in Bildhausen, was schließlich unter der Bedingung genehmigt wurde, dass sich der mennonitische Lehrer erfolgreich einer staatlichen Eignungsprüfung zu unterziehen habe.

1841 nahm die „Mennonitische Elementarschule Bildhausen" mit 21 Schülerinnen und Schülern ihren Betrieb auf. Kinder aus weit entfernten Orten wie Weilar, heute Wartburgkreis, Thüringen (75 km entfernt) oder Roßdorf, heute Landkreis Schmalkalden-Meiningen, Thüringen (65 km entfernt) wohnten sogar in Bildhausen. In späteren Jahren wurden auch Kinder der örtlichen protestantischen Familien in dieser Schule unterrichtet.

Um die Mitte des 19. Jahrhunderts war die Gemeinde auf mindestens 30 Familien mit 250 bis 350 Mitgliedern angewachsen. Vor allem um Sulzfeld i. Gr., heute Landkreis Rhön-Grabfeld, Unterfranken, hatten sich noch vor 1850 mehrere Familien niedergelassen und zwischen 1852 und 1878 folgten weitere Pachtungen in Sachsen-Meiningen (Römhild, Buchenhof, Gleicherwiesen) und in den bayerischen Orten Sternberg, Trappstadt, Schwanhausen, Friesenhausen, Untereßfeld, Zimmerau und Bundorf. Darunter waren Neuzuwanderungen aus dem Badischen, die Auswanderungen in die Vereinigten Staaten von Amerika kompensierten.

Eine relativ zentrale Lage unter diesen Neuansiedlungen nahm das unmittelbar an der Landesgrenze zwischen Sachsen-Meiningen und Bayern gelegene

Trappstadt, heute Landkreis Rhön-Grabfeld, ein. Die Freiherrn von Bibra verpachteten das dortige Schlossgut schon kurz nach dem Erwerb ab 1853/54 an Mennoniten bis zur Auswanderung des letzten Pächters 1951 nach Kanada. Ab dem Ende der 1880er Jahre entwickelte sich Trappstadt allmählich zum neuen Gemeindemittelpunkt. Nachdem die letzten Mennoniten Bildhausen 1897 verlassen hatten, fanden die Gottesdienste in einem eigens eingerichteten Betsaal im Trappstädter Schloss statt. Diesen stellten die Freiherrn von Bibra auch nach dem Wegzug des letzten mennonitischen Pächters bis zum Verkauf des Schlossguts 1970 zur Verfügung. Seither versammelt sich die Gemeinde im benachbarten Bad Königshofen i. Gr.

Gemeindestrukturen

Trotz sehr großer räumlicher Entfernungen, die vor allem in der Frühphase schwierig zu bewältigen waren, entstand von Anfang an eine Gesamtgemeinde, die mit Christian und David Muselmann um 1795 ihre beiden ersten Ältesten bestimmte und seither von Laienpredigern geleitet wird. Mönchshof-Bildhausen/Trappstadt/Königshofen i. Gr. sind die Namensgeber der Gemeinschaft, stehen doch die angeführten Orte für ihre räumlichen Kristallisationspunkte. Neben dem Ältesten waren für die verschiedenen Gemeindeteile immer mehrere Prediger und Almosenpfleger gewählt, die die z. T. weit auseinanderliegenden Höfe versorgten.

Für die Absicherung der Gemeindemitglieder gegen Krankheit oder wirtschaftliche Notlagen sorgten die Einzahlungen in die Almosenkasse, die so gut gefüllt war, dass ab den 1870er Jahren regelmäßig Beiträge für die mennonitische Mission und in späteren Jahren zur Konferenz der süddeutschen Mennoniten überwiesen wurden.

Wie andernorts kam es auch in dieser Gemeinde ab Mitte der 1840er Jahre zu einer ersten Auswanderungswelle in die Vereinigten Staaten. So verließen aus religiösen, sozialen und wirtschaftlichen Gründen zwischen 1844 und 1871 die verschiedenen Zweige der Großfamilie Neuschwanger fast vollständig ihre Höfe in Sachsen-Meiningen und im bayerischen Untermainkreis. Nach 1850 und erneut gegen Ende des Jahrhunderts folgten auch einige Rückwanderungen nach Baden und Umzüge nach Südbayern.

Trotzdem blieb die Gemeinde stabil, zumal bis ins ausgehende 19. Jahrhundert immer wieder auch Zuzüge aus Baden erfolgten und Heiratsverbindungen mit Mitgliedern der im westlichen Unterfranken bestehenden Mennonitengemeinde Rottenbauer-Giebelstadt/Würzburg eingegangen wurden. 1892 gab es 106 getaufte Gemeindeglieder und 47 Kinder.

Die Gemeinde von 1900 bis heute – ein kurzer Überblick

1905 lebten etwa 100 Gemeindemitglieder an 18 Orten, 1939 waren es noch 45 Getaufte und 25 Kinder an 13 Orten. Die Verbindungen der verschiedenen freiherrlichen Familien von Bibra und ihren mennonitischen Pächtern funktionierten auch im und nach dem Ersten Weltkrieg, während der Zeit der Weltwirtschaftskrise und während des Zweiten Weltkriegs. In diesem Krieg verloren auch Söhne aus fast allen Familien der Gemeinde ihr Leben. Die letzte mennonitische Familie verließ

Thüringen unmittelbar bei Kriegsende, so dass erst ab 1945 von einer rein unterfränkischen Gemeinde gesprochen werden kann.

1939 waren fast alle Familien noch in der Landwirtschaft tätig. Nach 1945 führte die Randlage an der immer undurchlässiger werdenden innerdeutschen Grenze die dort wohnenden Mennoniten in wirtschaftliche schwierige Situationen und aufgrund fehlender Infrastruktur und weiter Wege auch in eine gewisse Isolation. Wohl auch aus diesen Gründen verließ z. B. die Familie Dürrstein 1951 Trappstadt und wanderte nach Kanada aus. 1963 zählte die Gemeinde 51 Getaufte und zehn Kinder an sieben Wohnorten. Im Jahr 2002 hatte sie noch 35 Mitglieder.

Gemeinde Rottenbauer-Giebelstadt/Würzburg

Die Geschichte der zweiten, auf unterfränkischem Gebiet befindlichen Mennonitengemeinde ist noch nicht erforscht.[5] Bald nach 1800 kamen mennonitische Pächter überwiegend aus Baden auf Güter verschiedener fränkischer Reichsritter. Besonders hervorzuheben ist dabei die Familie der Freiherrn von Wolffskeel, die ihre Ökonomien in Reichenberg, Kirchheim (Sellenberger Hof), Üttingen, Heidingsfeld (Heuchelhof) und Rottenbauer an Mennoniten verpachtete. Diese Höfe liegen heute alle im Landkreis bzw. in der Stadt Würzburg. Weitere frühe Verpächter waren die Reichsritter Freiherrn von Zobel und Groß von Trockau. Letztere hatten ihr 226 Hektar

---

5 Vgl. Hermann Hage: Mennoniten in Unterfranken, passim. Vgl. auch Henning Trentmann: Mennoniten in Unterfranken im 19. Jahrhundert. (Zulassungsarbeit für die 1. Staatsprüfung/Lehramt an Gymnasien, Ms.). Würzburg 2013.

großes Gut Hettstadter Hof, heute Landkreis Würzburg, zwischen 1804 und etwa 1862/63 an Mennoniten verpachtet. Die Gemeinde umfasste auch Höfe im nahe an Würzburg heranreichenden nordöstlichen Baden und entlang des Mains bis westlich von Kitzingen.

Einen frühen Gemeindemittelpunkt bildeten im Wechsel Rottenbauer, heute Stadt Würzburg, und Giebelstadt, heute Landkreis Würzburg. In Giebelstadt bestand von 1867 bis zum Ende des Zweiten Weltkriegs ein großer eigener Versammlungsraum. Schon um 1900 erfolgte eine allmähliche Konzentration auf die Stadt Würzburg. Zuzug aus dem ehemaligen Ostpreußen, der früheren Gemeinde Danzig und der Ukraine brachte nach 1945 nochmals eine kurzzeitige Stabilisierung. 1915 lebten im Gemeindebereich 142 Mitglieder, 1941 noch 59. 1951 stieg die Zahl nachmals auf 70; 2002 waren es noch 21 Glieder. Heute ist die Gemeinde faktisch erloschen.

Hermann Hage

AMISCHE MENNONITEN IN BAYERN

Die Amischen entstanden als eine Gruppe von Täufern, die sich zwischen 1693 und 1711/12 unter Jakob Amman wegen einer Auseinandersetzung um die Gemeinde- und Kirchendisziplin von Schweizer Täufern abgespalten und ihre Heimat im Elsass gefunden haben. Ammans Gruppe wollte die vollständige, vor allem auch soziale Abgrenzung von Personen, die aus der Gemeinde ausgeschlossen waren. Kritisch war zudem die Frage nach der Häufigkeit der Abendmahlsfeier und die Durchführung der Fußwaschung.

Die Amischen lebten in abgeschlossenen, hierarchischen, auf strikter Glaubensdisziplin und einfacher Lebensführung basierenden Gemeinden, z. T. in unmittelbarer Nachbarschaft von liberaleren Mennonitengemeinden, jedoch ohne Verbindung zu diesen.

Schon zu Beginn des 18. Jahrhunderts kamen Amische aus dem Elsass und Lothringen in die Südpfalz, wo sie u. a. Güter der Pfälzer Wittelsbacher bewirtschafteten. Dort lernten im ausgehenden 18. Jahrhundert der spätere Kurfürst und erste bayerische König Max Joseph (1756–1825) und sein künftiger Minister Maximilian Graf Montgelas amische Pächterfamilien persönlich kennen. Nach dem Aussterben der bayerischen

Linie der Wittelsbacher trat Max Joseph auch in Altbayern die Herrschaft an. Hier förderte er ab 1802/03 die Zuwanderung von Kolonisten verschiedenster Herkunft: einerseits für die Urbarmachung der Moorgebiete in Oberbayern und an der Donau, andererseits für die Bewirtschaftung zahlreicher säkularisierter Klostergüter. Die Besetzung der linksrheinischen Gebiete durch Frankreich in den Napoleonischen Kriegen beschleunigte die Einwanderung evangelischer, mennonitischer und amischer Familien nach Bayern.[1]

Die Gemeinden

Im Bayern entstanden nun vier streng patriarchalisch organisierte amische Gemeinden: München (1802/03–1892), Ingolstadt-Neuburg (1803–1912), Augsburg (ca.1806/1815 bis ca. 1860) und Regensburg (1812/14–1907).

Die Gemeinde München hatte ihre Keimzelle in Gern, heute München, wo Kurfürst Max Joseph 1802/03 mehrere Höfe an die Großfamilie Stalter verpachten ließ. In rascher Folge zogen dann etwa 25 Familien in den Raum München und ins angrenzende Oberbayern. Sie pachteten säkularisierte Klostergüter, etwa in Benediktbeuern, Steingaden, Polling, Scheyern oder übernahmen vom bayerischen Landadel Güter im Dachauer Moos.

---

1   Vgl. Helmut Funck, Klaus Hübert, David Neufeld: Toleranz bejahen – Jesus Christus bekennen, 200 Jahre Mennonitengemeinden in Bayern. o.O. 2002; Hermann Hage: Amische Mennoniten in Bayern. Von der Einwanderung ab 1802/03 bis zur Auflösung der amischen Gemeinden Ende des 19. und Anfang des 20. Jahrhunderts. (Diss. phil.). Regensburg 2009; ders.: Lexikonartikel Bayern, in: Mennonitisches Lexikon V, Teil 3, in: www.mennlex.de, [24. März 2023]; Rudolf Ingold: Die Amischen in Bayern, in: Lydie Hege, Christoph Wiebe (Hrsg.): Les Amish: origine et particularismes 1693–1993. Ingelsheim 1996, 175–201.

Einen frühen Kristallisationspunkt der Gemeinde bildete der Ort Hanfeld bei Starnberg, wo zwischen 1803 und 1870 zahlreiche amische Familie Besitz erwarben. Neben Gern ließen sich vor 1820 amische Familien auch in den heute zu München gehörenden Stadtteilen Johanneskirchen, Laim, Perlach und Schwabing nieder. Bis in die zweite Hälfte des 19. Jahrhunderts zogen etliche Familien nach München bzw. in die die Stadt umgebenden heutigen Landkreise München, Dachau, Freising und Ebersberg. Im südwestlichen Oberbayern lebten im Raum Landsberg am Lech ab etwa 1835 ebenfalls mehrere amische Familien.

Die Gemeinde München wurde im Vorfeld der Revolution von 1848/49 von einer ersten größeren Auswanderungswelle in die Vereinigten Staaten getroffen: Mit den USA hatte Bayern 1845 ein Freizügigkeitsabkommen geschlossen. Die Angst vor gesellschaftlicher und politischer Ausgrenzung, Konflikte mit der katholischen Kirche und wirtschaftliche Krisen belasteten den Alltag der Amischen. Die seit 1869/70 geltende allgemeine Wehrpflicht, die aus Glaubensgründen strikt abgelehnt wurde, verstärkte den Willen zur Auswanderung bei der jüngeren Generation. Die Konsequenzen waren beträchtlich: Von etwa 150 bis 170 Getauften im Jahr 1835 hatte sich die Mitgliederzahl im Jahr 1888 auf 81 etwa halbiert.

1892 kam es zu einer Annäherung der amischen Gemeinde an die liberalere Mennonitengemeinde Markt Indersdorf-Eichstock, die noch im selben Jahr, am 3. Juli 1892, zu einer Fusion führte. Ähnliches geschah in der Gemeinde Ingolstadt-Neuburg. Die ersten Ansiedlungen erfolgten hier 1803 auf den verstaatlichten

Gütern der mediatisierten Reichsabtei Kaisheim, heute: Lkr. Donau-Ries. Wenig später ließen sich Amische im Donaumoos zwischen Neuburg/Donau und Ingolstadt nieder, ebenso östlich von Ingolstadt und auf den Jurahochflächen südlich von Eichstätt. Sie waren hier Nachbarn der ebenfalls eingewanderten Mennoniten. Die Familien suchten auch Pachtgüter entlang der Donau bis in den Raum westlich von Donauwörth und östlich bis in den Raum Kelheim. Um 1850 lebten 20 Familien mit etwa 140 Personen in der Gemeinde. Diese Zahl nahm erst Ende der 1880er Jahre auf etwa 100 Gemeindemitglieder ab. Auswanderungswellen in den 1840er und frühen 1880er Jahren führten auch in dieser Gemeinde zum Substanzverlust.

Parallel zur Entstehung einer liberaleren Mennonitengemeinde um Ingolstadt dünnten die amischen Strukturen aus. Dieser seit 1880/1886 beginnende Gründungsprozess lief zwar im räumlichen Einzugsbereich der amischen Gemeinde ab, eine Beteiligung amischer Mennoniten daran gab es jedoch nicht. 1909 fand der letzte amische Gottesdienst auf dem Tempelhof bei Eichstätt statt – und mit dem Tod des letzten Ältesten endete 1912 die Geschichte der amischen Gemeinde Ingolstadt-Neuburg. Die noch im Raum Ingolstadt lebenden Amischen schlossen sich der neuen Gemeinde Ingolstadt an. Ehemalige Amische aus dem Raum Donauwörth gründeten 1912 aufgrund der großen Entfernung von Ingolstadt zusammen mit Zuwanderern aus Baden die Gemeinde Donauwörth.

In einem Gebiet, das von den Städten Augsburg, Krumbach, Mindelheim und Landsberg am Lech begrenzt war, ließen sich ab 1806 amische Mennoniten hauptsächlich als Pächter der fürstlichen und gräflichen Linien des Hauses Fugger und der Fuggerschen Stiftungen nieder. Sie bildeten zusammen mit Glaubensgenossen, die ab 1815 u. a. als Pächter bei den Fürsten von Öttingen-Wallerstein und Öttingen-Spielberg in das schwäbische Ries um Nördlingen gekommen waren, die Gemeinde Augsburg. Trotz Entfernungen von mehr als 100 Kilometern zwischen den Augsburger und den Rieser Gemeindeteilen gab es bis nach 1850 gemeinsame Leitungsstrukturen. Nach 1840 setzte eine stärkere Auswanderung besonders aus der Umgebung von Augsburg ein. Schon wenige Jahre später folgte eine Binnenwanderung aus allen Gebieten Schwabens in die Gemeinden München, Ingolstadt-Neuburg und nach Regensburg. 1864 fanden im Raum Augsburg noch amische Gottesdienste statt; 1869 war die Gemeindeleitung allerdings bereits vakant. Die in den 1870er Jahren noch in Nordwestschwaben lebenden Amischen schlossen sich der Gemeinde Ingolstadt-Neuburg an.

Die Gemeinde Regensburg entwickelte sich ab 1812/14 aus ersten Ansiedlungen auf Gütern regionaler Adeliger um Regensburg. Der gute Ruf der amischen Landwirte hatte sich in den bayerischen Adelskreisen rasch verbreitet und langjährige Pachtbeziehungen waren gerade für die Gemeinde Regensburg prägend. In der nördlichen Oberpfalz bildeten sich in der zweiten Hälfte des 19. Jahrhunderts amische Siedlungsinseln. Ab etwa 1840 erweiterte sich die Gemeinde ins Niederbayerische, zunächst in den Raum zwischen Straubing und Deggendorf und im letzten Viertel des 19. Jahrhunderts bis in die Gegend von Passau.

Die Erosionsprozesse, die sich durch die Auswanderung ergaben, waren deutlich geringer ausgeprägt als in anderen Regionen, wie auch die Mitgliederzahlen zeigen (1830: 25 bis 30 Familien, 1893: 32 Familien, 1900: 24 Familien). Pachtverträge z. B. mit dem Fürstenhaus Thurn und Taxis, den Grafen von Preysing-Lichtenegg-Moos oder den Grafen von Drechsel hatten häufig über viele Generationen Bestand, z. T. sogar vom Beginn des 19. Jahrhunderts bis in die Gegenwart.[2]

Voll ausgebaute Gemeindestrukturen existierten spätestens ab 1815, und bis zur Mitte des 19. Jahrhunderts erreichte die Gemeinde ihre größte Ausdehnung. Annähernd 200 Kilometer waren dies von der nördlichen Oberpfalz bis ins östliche Niederbayern. Die 14-tägigen Gottesdienste wurden entsprechend verteilt. Eine Konzentration auf Regensburg erfolgte erst 1894. Nach dem Tod des letzten amischen Ältesten 1906 öffnete sich die Gemeinde für nicht-amische Mennoniten. Der vorübergehende Zusammenschluss mit München und Eichstock im Jahr 1907 bedeutete dann das Ende amischer Strukturen, wenn auch amische Traditionen fortbestanden.

Gemeindeleben

Die Gemeindeleitungen wurden von allen erwachsenen Männern gewählt, neben dem Ältesten/ältesten Diener gab es in jeder Gemeinde mehrere Prediger/Diener zum Buche/Diener des Wortes. Diakone oder Almosenpfleger verwalteten die Einnahmen aus Kollekten und ande-

---

2 Vgl. Hermann Hage: Amische Mennoniten als Pächter auf dem Gut der Fürsten von Thurn und Taxis in Ettersdorf, 1812–1884, in: Mennonitische Geschichtsblätter 70 (2013), 97–114.

ren Spenden. Diese Gelder dienten der sozialen Absicherung der Gemeindeglieder in Fällen von wirtschaftlichen Notlagen, bei Krankheit oder bei Altersarmut. Gottesdienste fanden in der Regel in einem 14-tägigen Rhythmus verteilt auf den Höfen statt – und das Abendmahl wurde meist zweimal jährlich, jeweils im Frühjahr und im Herbst, gefeiert. Wichtiges Element des religiösen Lebens war die Fußwaschung. Dies führte noch bei der Gründung der heutigen Gemeinde München im Jahr 1892 nach langwierigen Verhandlungen zu einem Kompromiss, der den amischstämmigen Gemeindemitgliedern das Ritual der Fußwaschung weiterhin zugestand. Zudem durften Eheschließungen nur innerhalb der amischen Gemeinschaft stattfinden; ein Verstoß hatte den Ausschluss aus der Gemeinde zur Folge. Das Verlassen der Gemeinde führte zum sofortigen Assimilationsdruck und gerade jüngere amische Frauen, die uneheliche Kinder bekamen, aber auch amische Männer, die Kinder mit andersgläubigen Partnerinnen zeugten, konvertierten häufiger zur katholischen oder lutherischen Konfession – oder sie wanderten aus.

Die Kontakte zur nicht-amischen Außenwelt hielten ausschließlich die Männer. Die Frauen kümmerten sich stattdessen um die Erziehung der zumeist zahlreichen Kinder, organisierten den Haushalt und die täglichen Abläufe auf den Höfen.

Der Staat gestattete den Amischen bei ihrer Einwanderung die individuelle Religionsausübung im privaten Bereich. Dabei waren das Beerdigungsrecht sowie der Religionsunterricht durch eigene Religionslehrer wesentlich. Ab 1805 galt die Wehrpflicht. Diese wurde vom König 1812 auch für die Mennoniten explizit bestätigt, der Staat erlaubte jedoch bis 1868 die Stellung eines Ersatzmanns. Für solche Ersatzleute konnten aber nur wohlhabende Familien die dafür erforderliche Summe von 185 Gulden aufbringen. So wurde die Frage der Wehrpflicht bereits in den 1820er Jahren zu einem wichtigen Thema, das in zahlreichen Familien dazu führte, dass junge Männer in die Vereinigten Staaten auswanderten. Nachdem ab 1868/69 die Wehrpflicht in Bayern nicht mehr umgangen werden konnte, nahmen diese Auswanderungszahlen weiter zu.

Landwirtschaftliche Leistungen

Der gute Ruf der Amischen als Pioniere bei der Moorkolonisation sowie in Ackerbau und Viehzucht hing auch mit einem systematischen fachlichen Austausch innerhalb der amischen Gemeinschaften zusammen. Die nachfolgende Generation wurde traditionell auf den Höfen verwandter oder befreundeter Familien ausgebildet. Noch im letzten Viertel des 19. Jahrhunderts waren amische Schüler an den in den bayerischen Regierungsbezirken neu gegründeten landwirtschaftlichen Winterschulen im Verhältnis zum amischen Bevölkerungsanteil weit überproportional vertreten.

Meist bewirtschaften immer zwei Familien zusammen überwiegend mittlere und große Pachtbetriebe, an die oft Brauereien und Brennereien angegliedert waren. Verbesserungen in der Düngung von Wiesen und Feldern, bei der Bearbeitung der Flächen mit leistungsfähigerem Gerät (z. B. Dampfpflügen), sehr erfolgreiche Saatzucht und die Ausweitung des Zuckerrübenanbaus sind ebenso mit den Namen amischer Pächter verbunden wie Erfolge bei der Viehzucht, die immer wieder bei landwirtschaftlichen Wettbewerben und Ausstellungen dokumentiert worden sind.

Bis in die Mitte des 20. Jahrhunderts finden sich unter dem Führungspersonal landwirtschaftlicher Genossenschaften immer wieder ursprünglich amische Familiennamen. Auch für die Versorgung der wachsenden Bevölkerung in den Städten spielten die von den amischen Landwirten erzeugten Produkte eine nicht zu unterschätzende Rolle.

Elise Schantz (1819/20-1912), Woltersdorf bei Regensburg
Rechte: Mennonitische Forschungsstelle Weierhof

Peter Hochstettler (1814-1885)
Rechte: Mennonitische Forschungsstelle Weierhof

Quelle:

Rückschau auf die Amischen Mennoniten in Bayern (ca. 1950)[1]

Die Einwanderung der Mennoniten in Bayern begann bald nach dem Jahre 1800, als die Pfälzische Linie der Wittelsbacher in Bayern zur Regierung kam. Der erste Bayernkönig liess aus seiner Heimat westlich des Rheins die ersten Evangelischen in das bis dahin rein katholische Land kommen und begünstigte auch den Zuzug und die Ansiedlung von Mennoniten. Unter diesen bildeten die „Amischen" eine besondere Gruppe. Sie stammten aus dem Elsass, Lothringen und der Südpfalz. [...]

Wenn oben gesagt wurde, dass die Mennoniten eine engere Verbindung mit der umgebenden Welt zu vermeiden suchten, so entsprach dieser Zurückhaltung ein um so stärkerer Zusammenhalt untereinander. Man fühlte sich wie in einer grossen Verwandtschaft. Und diese bestand auch wirklich. Es gab nicht „Frau" noch „Herr" untereinander. Man sagte „Base" und „Vetter", soweit nicht eine engere Verwandtschaft bestand. Man begrüsste sich mit dem Bruderkuss. Jeder fühlte sich in jeder anderen Familie heimisch, denn die Lebenshaltung war so ziemlich überall dieselbe, nur vielleicht mit einigen Unterschieden in der Strenge. In allen Häusern wurde dreimal täglich auf den Knien gebetet (siehe Daniel). Es waren lange Gebete,

---

1 Josef Gingerich: Die Amischen Mennoniten in Bayern (um 1950), maschinenschriftliches Manuskript, in: Mennonitische Forschungsstelle Weierhof (VI/F.3.2),1 und 3f.

die vom Hausvater nach einem Gebetbuch gesprochen wurden, aber infolge der täglichen Wiederholung nicht immer mit Andacht mitgedacht wurden. Diese religiöse Uebung hat deshalb auch schon unter den Alten der vorigen Generation allmählich aufgehört. In meiner Jugend bestand sie noch.

Am Sonntag versammelte sich die Familie zur Hausandacht, die den ganzen Vormittag dauerte. Nur die Frauen, die auch an diesem Tage für das leibliche Wohl sorgen mussten, waren für die dazu erforderliche Zeit beurlaubt. Sie holten das Versäumte in der Nachmittagsstille nach. Zum Verlesen einer Predigt oder eines Abschnittes aus einem Andachtsbuche und zu einem gemeinsamen Gebete war die ganze Familie beieinander. Sonst hat jedes für sich gelesen aus der Bibel oder aus einem Andachtsbuche, deren es verschiedene gab, wie sie auch sonst in evangelischen Häusern zu finden sind. Ausser der Bibel, zu deren planmässigem Lesen die heranwachsende Jugend schon früh angehalten wurde, fehlten fast in keinem Haus das „Lustgärtlein", (sonst nicht verbreitet) und Arndt's „Paradiesgärtlein" mit langen Betrachtungen in Gebetsform und das Starksche Gebetbuch. Merkwürdigerweise kann ich mich nicht erinnern, irgend Schriften von Menno oder anderen Täuferführern gesehen zu haben. Dagegen fanden sich mehrfach der „Märtyrer-Spiegel" von Tieleman van Braght, von dem Verfasser selbst mit Recht auch genannt „der blutige Schauplatz", eine Darstellung aller Christenverfolgungen einschließlich der Täufer. Ein grosses Buch, dessen Lektüre ernst stimmen kann, – auch Dirk Philipps Enchiridion, eine schwer verständliche Theologie eines Mitarbeiters von Menno.

Herbert Holly

TÄUFER IM DONAUMOOS

Das Donaumoos erstreckt sich auf 180 Quadratkilometern von Pöttmes im Westen bis Ingolstadt im Osten, von Neuburg a. d. Donau im Norden bis Reichertshofen im Süden. Es wurde ab dem frühen 19. Jahrhundert zum Einwanderungsgebiet für Mennoniten und Amische.

Auf Anordnung der kurfürstlichen Regierung unter Führung des Freiherrn Stephan von Stengel, dem 1. Direktor der Donaukultur-Kommission, begann Johann Peter von Kling (1749–1808) mit der Kultivierung des Donaumooses. Dazu wurden auch Landwirte aus den französisch-pfälzischen Gebieten eingeladen.[1] Die dann hinzuziehenden mennonitischen Familien gehörten zwei unterschiedlichen Glaubensrichtungen an, die aus einer Spaltung im Jahre 1693 hervorgegangen waren. Um ihnen Anreize zu geben, wurde ihnen Steuer- und Militärfreiheit (für die erste nachfolgende Generation) zugesagt. Schon einige Zeit zuvor, so eine Bekanntmachung aus dem Jahr 1802, habe eine beträchtliche, sich stets vermehrende Anzahl Kolonisten um die Erlaubnis nachgesucht, sich in den „Churfürstlichen oberen

---

1   Vgl. Robert Dürr, Helmut Funk: Amische und Mennonitische Familien um Augsburg und im Donaumoos im 19. Jh. Weierhof 2010.

Erblanden" ansiedeln zu dürfen. Da nun mehrere öde Moosgründe vorhanden waren, die die Kolonisten nutzen könnten, sollte die Ansiedlung nachhaltig unterstützt werden.[2]

Damit dies gelang, wurden die Gründe der Militäraktien zu 1113 Tagwerk (ein bayerisches Tagwerk hat 3407 Quadratmeter) auf dem Donaumoos bestimmt. Gleichzeitig wurde geprüft, ob der ganze Anteil des Donaumooses verwendet werden konnte. Gewünscht war, dass sich die Kolonisten auf allen öden Gründen und auch an allen anderen passenden Orten ansiedeln sollten. Bei den Neuburgischen Kolonien sollten zudem die schon vorhandenen Gebäude von den Siedlern ersetzt, aber keine Weidewirtschaft zugelassen werden. Zur weiteren Unterstützung sollte den Siedlern, die Steinhäuser errichten, das Holz für den Dachstuhl unentgeltlich zur Verfügung gestellt werden. Insgesamt sollte die kurfürstliche Landesdirektion Regelungen schaffen, so dass die Ansiedlungen schnell und einheitlich erfolgen konnten.

Zur Mittlerperson wurde Johann Peter von Kling bestimmt, der als geeignet angesehen wurde, da ihm die Anfragen der Siedler „vorzüglich" bekannt seien. Nachträglich wurde noch entschieden, alle rheinpfälzischen und überrheinischen Untertanen, die sich in den kurfürstlichen Erblanden als Kolonisten niederlassen wollten, von der Pflicht zum Wehrdienst zu befreien. Dies galt auch für ihre Kinder in der ersten Generation. Außerdem wurde Religionsfreiheit zugesichert.[3]

---

[2] Vgl. Regierungsblatt für Chur- Baiern und Herzogthum Neuburg vom 6. März 1802, Sp. 166–169.

[3] Vgl. Regierungsblatt für Chur- Baiern und Herzogthum Neuburg vom 12. März 1802, Sp. 186.

Der erste Hinweis auf eine Mennonitenfamilie im Donaumoos findet sich in einem Vorgang um Benedikt Imhoff. Ein Mitarbeiter von Johann Peter von Kling hatte am 27. Januar 1802 der kurfürstlichen Obrigkeit einen Bericht geschickt, der die Ansiedlung eines Mennoniten auf der Kolonie Kasing betraf.[4] Benedikt Imhoff sei aus der Pacht ausgetreten, da sich angeblich Käufer für das Anwesen in Kasing gefunden hätten. Zudem hätten drei weitere Mennoniten die Absicht, sich im Moos anzusiedeln, wenn ihnen Haus und Gründe überlassen würden. Man sollte ihnen also das Haus nebst den dazu gehörigen Gründen von 25 Tagwerk auf der Kolonie Kasing geben. Jeder Kolonist sollte zudem einen Streifen Moos im rechten Winkel zum Haus erhalten. Der Bericht fügt hinzu, dass die Mennoniten nicht nur dafür bekannt seien, fleißig zu sein, sondern sie würden auch die besten Kenntnisse in der Geld- und Hausökonomie besitzen. Dies seien vorzügliche Voraussetzungen, um das Moos bewohnbar zu machen und weitere Familien dort anzusiedeln.

Im März 1803 Jahr folgte dann eine Anfrage von Christian Oesch aus Ruprechtsau bei Straßburg an den Kurfürsten. Auch hier ging es um die Überlassung einiger Gründe zur Pacht. Oesch betonte, dass er und seine drei Mitstreiter gehört hätten, der Kurfürst würde explizit auch „Wiedertäufer" aufnehmen. Deshalb seien sie entschlossen, sich „unter dem höchsten Schutze dieses gnädigsten Landesvaters" zu begeben und würden ihn bitten, ihnen „einige Güter an der Donau, wo sich guter Grund und Boden findet, in Pacht gnädigst zu überlas-

---

4 Vgl. Bericht in: HStAM, RA 23791.

sen". Sie seien überzeugt, nachhaltig zum „Wohlstand des Staates" beitragen zu können, schließlich sei es gewiss, dass bei einer positiven Antwort „noch sehr vermögliche Familien unseres Glaubens bald uns nachkommen werden".

Das Antwortprotokoll wurde noch an demselben Tag, dem 8. März 1803, von der Landesdirektion durch Direktionsrat Freiherr von Stengel verfasst.[5] Im Wesentlichen ist dies eine Wiederholung der Anfrage. Gleichzeitig wird aber auch deutlich, dass sich die Obrigkeit dessen bewusst war, dass mit der Ansiedlung der Mennoniten auch besondere Anforderungen einhergingen. Insbesondere wurde deshalb betont, die Mennoniten würden es wünschen, dass ihnen „nicht zugemutet werde, sich der Rekruten Aushebung zu unterwerfen, weil dieses ihrem Glaubensgesetz zuwider läuft".

Dies schien aber möglich zu sein, so dass in den folgenden Jahren immer mehr mennonitische Familien ins Donaumoos kamen. Auch Johann Peter von Kling, der ein Versuchsgut in der Nähe des Ortes Karlskron angelegt hatte, dem er den Namen „Probfeld" gab, hatte mennonitische Pächter. Im selben Gemeindebereich befanden sich auch die Gutshöfe Brautlach und Neuhof, die der amische Mennonit Heinrich Stalter in den Jahren 1803 bis 1814 von der Regierung gepachtet hat. Nördlich davon siedelten sich ebenfalls Mennoniten aus den linksrheinischen und badischen Gebieten an und gründeten den Ort Maxweiler, der heute zu Neuburg a.d. Donau gehört. Hier lebten um 1802 acht mennonitische Fami-

---

5 Vgl. BayHStA, Bestand Kurbayern Landesdirektion v. Bayern i. Klostersachen, Nr. 393.

lien. Sie bemühten sich um die Kultivierung des Unteren und Oberen Dessau und des Weinschlages. Erst 1804 bekamen sie die Genehmigung, auf dem „Riegel" (i.e. im Eichenwald) zu bauen. Die Aufsicht dafür hatte der Hofbaudirektor Freiherr von Reigersberg. Bereits 1810 waren dann acht Höfe im Grundbuchamt eingetragen, die bis 1814 steuerfrei blieben. Der Ort entwickelte sich und zählte bald 18 Häuser mit 120 Bewohnern. Fast alle Einwohner waren Mennoniten. 1832 wurde schließlich das erste Gebetshaus mit einem Schulraum eingeweiht. Die Genehmigung dazu wurde von der Regierung des Oberdonaukreises erteilt.[6]

Diese erfolgreiche Besiedelung soll nicht verhehlen, dass alles dennoch unter schwierigen Bedingungen ablief. Es waren just diese schwierigen Verhältnisse, die dafür sorgten, dass zwischen 1846 und 1856 einige mennonitische Familien nach Ungarn und insbesondere in die USA auswanderten und die Gemeinde so in ihrer Zahl schrumpfte.[7] Dieser Wegzug war von vielen als unausweichlich eingestuft worden, nicht nur in Maxweiler, auch anderweitig im Donaumoos, wo mennonitische Siedler lebten. Ein wichtiger Grund lag in der geringen Ertragsfähigkeit des Bodens; dies erschwerte den Existenzkampf ungemein. Auch waren in den Jahrzehnten die Gemeinden stark angewachsen, so dass die heiratswilligen Söhne kein neues Land zur Ansiedlung fanden.

---

6 Die mennonitischen Familien, die sich im Donaumoos angesiedelt haben, sind aufgeführt bei Hans Perlinger: Die Mennoniten. Eine fast vergessene Glaubensgemeinschaft im und am Donaumoos (2009), URL: http://www.gemeindeforschung.de/downloads/frei/Volkskunde/Die%20Mennoniten%20im%20Donaumoos.pdf [7. April 2023].

7 Die frei gewordenen Höfe wurden zumeist von Reformierten übernommen, die aus der Pfalz eingewandert sind.

Auswanderung schien dann die einzig sinnvolle Lösung zu sein.

Diejenigen, die im Donaumoos blieben, bauten dieses für die Landwirtschaft um, insbesondere für den Kartoffelanbau. Andere wiederum verdienten ihr Geld mit dem Abbau von Torf. In der Konsequenz sank das Moos in diesen Jahren der Entwässerung immer weiter ab, bis ins 21. Jahrhundert um drei Meter.

Der Hof Hellmannsberg
Rechte: Mennonitische Forschungsstelle Weierhof

Friedhof der Mennonitengemeinde Eichstock
Rechte: Mennonitische Forschungsstelle Weierhof

Quelle:

Von den Mennoniten im
Landgerichtsbezirke Neuburg a. D.
(Beschreibung durch den evangelischen
Pfarrer Brock zu Untermaxfeld, 1842)[1]

Bekanntlich bilden die Mennoniten oder Taufgesinnten zwei Hauptabtheilungen, die Waterländer (auch Grobe, Knöpfler genannt) oder Friesen (Feine, Bärtler, Heftler), welche sich ursprünglich in der geringern oder größern Strenge der Kirchenzucht unterscheiden. [...]

Die Einrichtung ihres Betsaals [der Waterländer, v.S.], ihr sonntäglicher Gottesdienst, wie ihre Abendmahlfeier, ist dem streng reformierten Ritus ähnlich, daher auch die Reformirten noch am meisten bei ihnen in Ansehen stehen. Zur häuslichen Erbauung bedienen sie sich protestantischer Andachtsbücher, namentlich des Stark'schen Gebetsbuchs und des wahren Christentums von Arndt, ihre christliche Erkenntniß ist aber ziemlich gering, obgleich auch sie bei jeder Gelegenheit behaupten, sie nur hätten das „Wahre", und ein bedeutender Sectenstolz sie beherrscht. Die Vorträge ihrer Prediger sind ein wunderliches Chaos von biblischer Geschichte und Aussprüchen der heil. Schrift, ein Herumirren durch alle Loci der Glaubens- und Sittenlehre, unklar und schwankend in der Lehre; bald wird die Hoffnung des ewigen Lebens von der Tugend und den Werken des Menschen, bald von der

---

1   Karl Fuchs: Annalen der protestantischen Kirche im Königreich Bayern. Neue Folge 3 (1842), 159-217, hier: 209-216.

Gnade Gottes in Christo abhängig gemacht, besonders sollen sie sich fast in jeder Rede bei der Gesetzgebung auf Sinai herumtreiben. Die Waterländer sind reinlich und einfach in Kleidung und Haushalten und gute Oekonomen, man kann aber nicht sagen, daß sie sich durch Sittenreinheit und exemplarisches Leben von den Protestanten der Gegend auszeichnen. Das Verderben, namentlich Streit- und Trunksucht, ist auch in ihre Mitte gedrungen; der Aberglaube, welcher durch Amulette und Beschwörungen Krankheiten vertreiben will, verbreitet sich von ihnen aus über die Umgegend. Ihre Prediger genießen wenig Achtung und die Kirchenzucht hat ihre Kraft und Wirkung verloren. [...]

Die Flaminger scheinen wirklich Wiedertäufer zu seyn; solche nämlich, welche aus andern Kirchengesellschaften zu ihnen treten nochmals zu taufen, was die Waterländer nicht thun. [...]

Diese Gemeinde der Flaminger hält strenge an der Kirchenzucht fest und scheint etwas mehr religiösen Ernst, als die Waterländische zu Maxweiler, zu haben. Verheirathungen mit andern Confessionsverwandten kommen bei ihr nicht vor, auch hat sie einen eigenen Almosenpfleger. Sie zählt mehrere achtungswürdige Männer, aber unter den Jüngeren scheint Lauheit und Gleichgültigkeit um sich zu greifen. Diese erscheinen zum Theil nur bei den sonntäglichen Versammlungen in ihrem einfachen, grauen, mit Heften zumachten Kleide, übrigens geben sie sich mancherlei Luxus hin.

Hermann Hage

DIE BAYERISCHEN AMISCHEN UND DIE MEIDUNG

In der täuferischen Lehre spielte das Thema der Meidung, also des zeitweisen Ausschlusses von Gemeindemitgliedern, die gegen Glaubensgrundsätze verstoßen hatten, eine wesentliche Rolle. Bereits Menno Simons sah sich veranlasst, in der Debatte über die Reinheit der Gemeinde Position zu beziehen.[1] Und auch im „Dordrechter Bekenntnis" von 1632,[2] das bei den Mennoniten in der Schweiz, im Elsass und in der Pfalz bis weit ins 19. Jahrhundert eine wesentliche zentrale Glaubensschrift war, wird in Art. 6 der Bann beschrieben.

Quellen zur Durchführung der Meidung in den vier bayerischen amischen Gemeinden sind dünn gesät. Bisher ist nur ein einziger Fall bekannt, in dem sich staatliche Behörden für die Meidung interessierten. 1835 beauftragte die bayerische Regierung die evangelische Landeskirche festzustellen, wie viele Mennoniten und Amische in den einzelnen Dekanaten lebten und wie sie ihren Kultus gestalteten.[3] Offensichtlich wuss-

---

1 Vgl. Hans-Jürgen Goertz: Simons, Menno, in: URL: www.mennlex.de [7. April 2023].
2 Confessie ende Vredehandelinghe tot Dordrecht anno 1632, Haarlem 1633.
3 Vgl. Hermann Hage: Amische Mennoniten in Bayern, Von der Einwanderung 1802/03 bis zur Auflösung der Amischen Gemeinden Ende des 19. und Anfang des 20. Jahrhunderts (Diss. Phil.). Regensburg 2009, 66–68.

te die evangelische Kirche insbesondere über die sehr zurückgezogen lebenden amischen Gemeinden kaum Bescheid.[4] Das Landgericht wandte sich deshalb an Heinrich Stalter, „Diener zum Buche", aus Gern. Dieser verfasste eine Aufstellung – und dabei wurde bekannt, dass der Katholik Georg Kettner mit der amischen Susanne Stalter schon seit 1811 in Gern in einer weder von der katholischen Kirche noch von der amischen Gemeinde anerkannten Ehe lebte und mit ihr acht gemeinsame Kinder hatte.[5] In den Akten des Landgerichts heißt es: „Sein Weib sei eine Mennonitin, aber wegen seiner Verehelichung mit ihm als einem Katholiken in den Bann gelegt und besuche seitdem weder die Gottesverehrungen der Mennoniten noch irgendeiner anderen Religion. Georg Köttner selbst gesteht, dass er seit 1811 nicht mehr gebeichtet u. kommuniziert habe, er habe nämlich zu den Mennoniten übergehen wollen; er wäre dann noch einmal getauft worden u. dabei sein Weib aus dem Banne gekommen."[6]

Heinrich Stalter erläuterte anschließend die Bedingungen für die Meidung: „Wer sich von ihrer Bruder-Gemeind, namentlich auch durch Ausschweifungen, verfehlt, es mögen diese mit gleichen oder andern Glaubensgenossen vollzogen worden sei, werde bei ihnen in den Bann getan; nämlich aus der Gemeind ausgeschlossen, wenn er sich dann bußfertig meldet, erhalte er sechs bis neun Monate Zeit zur Besserung u. in

---

4 Vgl. Schreiben des königlichen protestantischen Dekanats München an das königliche Landgericht München vom 3.12.1835, in: StAM, LRA 58773.
5 Befragung des Georg Köttner (Kettner) und des Heinrich Stalter durch das Landgericht München vom 8.2.1836, in: StAM, LRA 58773.
6 Ebd.

dieser Periode kommen sie in den sogenannten Abrath: sie werden nämlich vorwärts in dem Gebetshaus oder Zimmer vor den übrigen Versammelten aufgestellt, erhalten Lehren, wohnen der Predigt bei u. den übrigen gottesdienstlichen Verrichtungen im Gesang usw. Aber sie werden nicht zur Fußwaschung u. zum Abendmahl zugelassen u. können auch bei Beratungen und Wahlen der Diener nicht gegenwärtig sein."[7]

In der amischen Gemeinde Ingolstadt-Neuburg hat der Älteste Christian Güngerich vom Neuhof bei Rain am Lech unter dem Titel „Absonderungen von der Gemeinde" Meidungen dokumentiert:[8] Von 1884 bis Anfang 1890 wurden insgesamt 13 Meidungen und eine Wiederaufnahme in die Gemeinde festgehalten. Die Gründe hierfür waren in fünf nachprüfbaren Fällen voreheliche Beziehungen, die zur Geburt von Kindern führten. Die meisten Betroffenen waren zwischen 18 und 30 Jahre alt. Die Dauer der Meidung betrug meist drei bis vier Monate, nie über ein Jahr. Wenn die Ausgeschlossenen sich vor der Gemeinde zu ihren Verfehlungen bekannt und sie bereut hatten, wurden sie wieder aufgenommen. So wurde beispielsweise der Besitzer des Tempelhofs,[9] Joseph Ingold (1831–1907), vom 30. März bis 13. Juli 1884 von der Gemeinde abgesondert, weil auf seinem Hof die schwangere unverheiratete Magdalena Holly, eine Verwandte seiner Frau, lebte. Magdalena wurde vom 20. September 1884 bis 1. Januar 1885 ebenfalls gebannt. Als sie erneut schwanger

---

7 Ebd.
8 Nachlass Ringenberg: „Absonderungen der Gemeinde.", in: Mennonitische Forschungsstelle Weierhof.
9 Tempelhof, heute: Adelschlag (Landkreis Eichstätt).

wurde, musste sie ihr zweites Kind im Mai 1885 bei Verwandten auf dem Klinghof in Probfeld[10] zur Welt bringen und wurde am 5. April 1885 erneut gebannt. Erst 1889 konnte sie den Vater ihrer beiden Kinder, den amischen Johann Christner, heiraten.

Bis zum Ende der amischen Periode in Bayern Anfang des 20. Jahrhunderts wurde die Meidung regelmäßig angewendet. Für die Gemeinden und besonders für ihre gewählten Leiter war sie ein wesentlicher Bestandteil der Glaubenslehre sowie ein wichtiges Instrument zur Aufrechterhaltung der Gemeindedisziplin und damit zum Überleben in der Diasporasituation.[11] Aber: Nachdem die überalterten amischen Gemeinden zwischen 1892 und 1912 mit neu entstehenden Mennonitengemeinden fusioniert hatten, wurde in diesen Gemeinden die Meidung nicht mehr praktiziert.

---

10 Klinghof, Probfeld, heute: Karlskron (Landkreis Neuburg-Schrobenhausen).
11 Vgl. Josef Gingerich: Die amischen Mennoniten in Bayern, in: Mit unserem Erbe in die Zukunft. Regensburg 2001, 14–24, hier: 16.

John D. Roth

CHRISTIAN KREHBIEL (1832–1909)

Im Frühjahr 1851 machte sich Christian Krehbiel (1832–1909), ein 19-jähriger Arbeiter aus Kleinschwabhausen in Bayern, auf eine Reise, die ihn und seine Familie in die USA führen sollte.[1] Für einen außenstehenden Beobachter gab es wenig, was Krehbiel, seine neun Geschwister und seine Eltern, John und Katharine Krehbiel, von den Tausenden anderer deutschsprachiger Einwanderer unterschieden hätte, die sich in den Häfen von La Havre, Rotterdam oder Liverpool drängten, um ihr Glück auf der anderen Seite des Ozeans zu suchen. In den 1850er Jahren wanderten fast eine Million Deutsche nach Amerika aus, 215.000 allein im Jahr 1854. Nach dem Scheitern der Revolution von 1848 gingen viele aus politischen Gründen. Andere, frustriert über den Mangel an verfügbarem Ackerland, die wachsende Arbeitslosigkeit und die hohen Steuern, wanderten aus wirtschaftlichen Gründen aus.

Wahrscheinlich war all dies auch ausschlaggebend für die Entscheidung der Familie Krehbiel, ihre Heimat Bayern zu verlassen. Aber ihre Motive lagen auch in tief

---

[1] Zu Christian Krehbiel vgl. ders.: Prairie Pioneer. The Christian Krehbiel Story. Newton (Kansas) 1961.

verwurzelten religiösen Überzeugungen: Im Jahr 1671 war Christians Vorfahre, Jost Krähenbühl, aus dem Kanton Bern geflohen, nachdem die Behörden dort die Maßnahmen gegen die Täufer verschärft hatten.

Die Familie Krehbiel ließ sich zunächst auf dem Weierhof nieder, einem kleinen Dorf in der Pfalz. Christian, der 1832 auf dem Weierhof geboren wurde, schreibt in seiner Autobiographie nostalgisch über seine frühen Erinnerungen im Schatten des Donnersbergs. 1844 zogen die Krehbiels nach Kleinschwabhausen und folgten damit den Verwandten Eymann, Strohm und Lehmann, die in der Hoffnung auf bessere wirtschaftliche Verhältnisse nach Oberbayern ausgewandert waren. Dort besuchte der junge Krehbiel die mennonitische Kirche in Eichstock, wo er im Alter von 15 Jahren getauft wurde.

In Kleinschwabhausen wurde jedoch bald klar, dass die sechs Jungen der Familie Krehbiel entweder zur bayerischen Armee eingezogen würden oder eine Ablösesumme von 1.000 Gulden zahlen müssten. 1851 verkauften John und Katharine ihre Farm mit Verlust und begaben sich auf die 35-tägige Seereise von LaHavre nach New York City; sie ließen sich schließlich in Iowa nieder.

Für Christian Krehbiel wurde der Umzug nach Amerika zum Wendepunkt seines Lebens. Tief geprägt von seiner deutschen Erziehung und den mennonitischen Überzeugungen seiner Großfamilie, wurde Krehbiel zu einer führenden Persönlichkeit in der sich herausbildenden Mennonitischen Kirche der „General Conference". Fast fünfzig Jahre lang diente er als Pastor und Bischof, half Tausenden von deutschsprachigen mennonitischen

Einwanderern, Land zu finden und sich in Nordamerika niederzulassen, und spielte eine zentrale Rolle bei der Gründung von Bildungseinrichtungen und dem Aufbau eines Missionsprogramms für die indigene Bevölkerung der USA.

Bald nach ihrer Ankunft in den USA reiste Christian der Familie voraus, um in der Nähe der Kleinstadt Keokuk, Iowa, wo sich sein Onkel Jacob Eymann zwei Jahrzehnte zuvor niedergelassen hatte, Land zu erwerben. Die verarmte Familie lieh sich Geld von den örtlichen Mennoniten, um eine 100-Hektar-Farm für 800 Dollar zu kaufen. Christian erlangte bald lokal Ansehen als harter Arbeiter, begabter Tierarzt und geschickter Metzger, der von einem Onkel in Deutschland gelernt hatte, wie man Fleisch zerlegt und zubereitet. Wie viele andere Neueinwanderer erhielt die Familie Krehbiel die dringend benötigte Unterstützung von mennonitischen Glaubensbrüdern in der nahe gelegenen Zion Mennonite Church in Donnellson, deren Mitglieder fast alle frühere Einwanderer aus mennonitischen Siedlungen in der Pfalz waren. Im März 1858 heiratete Christian Susanna A. Ruth, und kurz darauf zog das Paar nach Summerfield, Illinois.

Bald nachdem Krehbiel und seine junge Familie in Summerfield angekommen waren, wurde er erneut mit der Frage konfrontiert, die schon seine Familie aus Deutschland vertrieben hatte. Im Jahr 1864, dem letzten Jahr des amerikanischen Bürgerkriegs, verhängte die Regierung eine Wehrpflicht für alle arbeitsfähigen Männer im Alter zwischen 18 und 45 Jahren. Als Krehbiel klarstellte, dass er das täuferische Prinzip des Wehrfreiheit weiterhin aufrechterhalten würde, drohten lokale

Patrioten, ihn und weitere Gleichgesinnte zu hängen. Die Gemeinde legte Geld zusammen, um Ersatzleute zu kaufen, die offenbar alle das letzte Kriegsjahr überlebten.

Im Herbst 1864 wurde Krehbiel durch das Los zum Pfarrer der Summerfield-Gemeinde bestimmt. In seinen Memoiren erinnert er sich an viele Stunden harter Arbeit hinter dem Pflug oder beim Mähen eines Heubergs, die er dem Auswendiglernen von Predigten widmete, die er am folgenden Sonntag „aus dem Stegreif" halten sollte.

Unmittelbar nach dem Krieg starteten unter den verstreuten mennonitischen Gemeinden im Mittleren Westen erste Überlegungen, eine „Generalkonferenz" zu organisieren, die es ihnen ermöglichen würde, ihre Ressourcen insbesondere im Bereich der Bildung zu konsolidieren. Krehbiel unterstützte diese Bewegung nachdrücklich, insbesondere einen Vorschlag, der zur Gründung des ersten nordamerikanischen mennonitischen Seminars – dem Wadsworth (Ohio) Institute – im Jahr 1868 führte.

Als die „General Conference" Gestalt annahm,[2] erwarb sich Krehbiel schnell den Ruf eines kreativen, klugen und vertrauenswürdigen Leiters, der die Gabe besaß, Gemeinden bei der Lösung von Konflikten zu helfen. In seiner Rolle als Wanderprediger lernte er die Vielfalt der Mennoniten kennen, wurde aber auch rasch als begabter Prediger bekannt. So wurde beispielsweise die Predigt, die er 1868 bei der Einweihung des Wadsworth

---

2 Vgl. Edmund G. Kaufman, Henry Poettcker: General Conference Mennonite Church (GCM), in: Global Anabaptist Mennonite Encyclopedia Online. November 2009, URL: https://gameo.org/index.php?title=General_Conference_Mennonite_Church_(GCM)&oldid=174932 [9. April 2023].

Institute hielt, von einem Teilnehmer abgeschrieben und in einer Zeitung aus Pennsylvania veröffentlicht, die von John Oberholtzer, einer Schlüsselfigur bei der Gründung der „General Conference", herausgegeben wurde. Die Predigt brachte Krehbiel breite Anerkennung unter den Mennoniten in den älteren, etablierteren Gemeinden im Osten.

Krehbiels Haus in Summerfield wurde zu einem wichtigen Kommunikationszentrum für europäische Mennoniten, die durch Nordamerika reisten. In den frühen 1870er Jahren, als die Gemeinden in Preußen und Russland mit dem Verlust der Befreiung vom Militärdienst konfrontiert waren, begannen verschiedene Kirchenführer, die Möglichkeiten einer groß angelegten Auswanderung in die Vereinigten Staaten zu erkunden. Krehbiel reagierte darauf mit enormer Energie und Sensibilität. Im Jahr 1872 verfasste er einen langen Brief, in dem er die Bedingungen in den Vereinigten Staaten beschrieb. Unter anderem bemühte er sich, die russischen und preußischen Mennoniten darauf vorzubereiten, dass sie selbst würden arbeiten müssen – in Amerika gab es keine billigen Arbeitskräfte, an die sie gewöhnt waren. Zusammen mit John F. Funk, einem Verleger und Gemeindeleiter aus Elkhart, Indiana, gründete Krehbiel das „Mennonite Board of Guardians",[3] um Geldmittel zu beschaffen und die mit der Einwanderung verbundenen logistischen Details zu klären. In den nächsten fünf Jahren handelte Krehbiel mit Dampfschifffahrts-

---

3 Vgl. Harold S. Bender: Mennonite Board of Guardians, in: Global Anabaptist Mennonite Encyclopedia Online. 1957, URL: https://gameo.org/index.php?title=Mennonite_Board_of_Guardians&oldid=143657 [7. April 2023].

und Eisenbahngesellschaften günstige Transporttarife aus; er arbeitete unermüdlich mit der Santa Fe Railroad Company zusammen, damit die Einwanderer aus Preußen, Südrussland, Galizien und Wolhynien bei ihren Landkäufen nicht betrogen würden. Und er half den Leitern der neu ankommenden Gruppen, die kulturellen Nuancen ihrer neuen Heimat zu verstehen. Seine Interventionen waren entscheidend für die erfolgreiche Gründung zahlreicher Siedlungen in Kansas.

Seine Arbeit in der „General Conference" widmete er ab den frühen 1870er Jahren unter anderem der Mission. Einer eigenen Logik folgend, betrachtete das „General Conference Mission Board" „Heimat"-Missionen als Einsätze für verstreute Mennoniten. Das Hauptaugenmerk der „ausländischen" Missionen richtete sich dagegen auf verschiedene indigene Gruppen in Oklahoma, Montana und Arizona. 1877 schlug der Missionsausschuss vor, dass Samuel S. Haury, der gerade von seinem Universitätsstudium in Deutschland zurückgekehrt war, eine Mission gründen sollte, zunächst bei den Arapaho und Cheyenne in Oklahoma und später bei den Hopi in Arizona.

Krehbiels Berichte über die Missionsarbeit im „Indianerterritorium" sind für heutige Leser schwer nachzuvollziehen.[4] Er und seine Kollegen zeigten relativ wenig Interesse daran, die Geschichte oder Kultur der amerikanischen „first nation" aus eigener Anschauung zu verstehen. Ihre Briefe sind voll von Aussagen über die Überlegenheit der „Weißen" und vom Versuch, die indigene Bevölkerung durch Missionsschulen und Evan-

---

4   Vgl. hierzu Christian Krehbiel: Prairie Pioneer, passim.

gelisationen zu „zivilisieren" und zu fleißigen Farmern zu machen. So gründete Haury 1884 in Halstead eine Indianer-Industrieschule mit dem Ziel, „diese jungen Indianer unter christlichen Einfluss zu bringen und sie zu lehren, wie man arbeitet". Als die staatlichen Zuschüsse für dieses Programm gestrichen wurden, wandelte Krehbiel die Schule in ein von der Kirche unterstütztes Waisenhaus um.

Trotz allem, Krehbiels Einfluss auf die mennonitische Kirche in der zweiten Hälfte des neunzehnten Jahrhunderts ist unbestritten. Er half zahllosen deutschsprachigen mennonitischen Einwanderern, sich an das Leben in Amerika anzupassen, und spielte gleichzeitig eine entscheidende Rolle bei der Erneuerung der etablierten mennonitischen Gemeinden im Mittleren Westen. Die Institutionen, die er mit ins Leben rief – Bildung, Mission, Sozialfürsorge – sollten die Identität aller mennonitischen Gruppen im folgenden Jahrhundert prägen.

Quelle:

Johann Eysvogels Vorwürfe an die Täufer (Ingolstadt 1585)[1]

1.
Was wölln wir aber singen
Was wölln wir heben an
Von wunderlichen Dingen /
Wie es jetzt zu thun gan
Bey den Brüdern gemeyne /
HUETRISCH seyn sie genandt:
Sie rühmen sich gar fein /
Selig werdn sie alleine /
O wehe der grossen Schandt. […]

3.
Erstlich so sollt ihr mercken
Ihren Pracht vnnd grossen Ruhm /
Ihren Glauben zustärken /
Verführen Fraw vnnd Mann /
Darzu die kleinen Kinder /
Das ist zurbarmen gar:
Es seynd der rechten Schinder /
Sey Sommer oder Winter /
Verführns ein grosse Scharr.

---

1 Johann Eysvogel: Ein schön newes Lied Darinnen der falsche Betrug vnd arglistige Art der Hueterischen Widertauffer warhafftig vnnd eygentlich vor Augen gestellt wird. Ingolstadt 1586 [VD16 E 4767].

4.
Der Oberst tut außschicken /
Inn Landen hin vnd her /
Bruder mit argen Tücken /
Darzu auch falscher Lehr:
Den Leuten sie vor sagen /
Wie sie es halten gmeyn /
Haben auch gute Tage:
Merckt weytter / was ich sage /
Seynd rechte Brüderlein.

5.
Weytter so thun sie sagen /
Niemand mög selig seyn /
Er thu dann zu ihn tragen
Sein Gütter groß und klein:
Ihr vil ihr Gut verkauffen /
Vnd ziehen ins Mährerland /
Sie mehren ihren Hauffen /
Das Himmelreich zu kauffen /
Ist doch ein grosse Schand.

6.
Die Ehe thun sie auch scheyden /
Sie rauben Weib vnd Kind /
Den Mann wol von dem Weibe /
Mit Schalckheit seynd sie geschwind:
Darnach seynd sie fromm worden
Wol in dem Mährerland /
Dann ist er new geboren /
Sein Gut hat er verloren /
Vnnd ist in ihrem Land.

MENNONITEN UNTERWEGS MIT ANDEREN: DIAKONIE UND ÖKUMENE

Christoph Landes

DAS MENNONITISCHE HILFSWERK

Das Mennonitische Hilfswerk ist im Jahr 2000 aus dem Zusammenschluss von Hilfswerks-Arbeitsbereichen mennonitischer Regionalkonferenzen entstanden. Als rechtlicher Rahmen diente der Verein Mennonitisches Hilfswerk Christenpflicht e.V. (MHC). Der Verein wurde bereits 1922 als eigenständige Körperschaft gegründet.[1]

Die Gründung des Hilfswerkes fällt in die Zeit nach dem Ersten Weltkrieg. Hunger, Flucht, Spanische Grippe, Millionen von Todesopfern, Kriegsinvalide, Inflation – die Menschen in Europa hatten unter vielen Lasten zu leiden. Lena Bühler (1858–1936) hatte längere Zeit in den USA gelebt. Sie bekam von dort von Freunden regelmäßig Geld geschickt mit dem Auftrag, die Not in ihrer Umgebung zu lindern. Damit richtete sie in Ingolstadt eine Volksküche ein.[2] Dabei wurden auch gespendete Lebensmittel von umliegenden mennonitischen Bauernhöfen verteilt. Wegen der hohen Inflation in Deutschland hatten die Geldspenden aus den USA

---

1   Vgl. hierzu Christoph Landes: Mennonitische Hilfswerke, in: MennLex V, URL: https://www.mennlex.de/doku.php?id=loc:mennonitische-hilfswerke-deutschland [7. April 2023].

2   Vgl. Elisabeth Horsch: Das Mennonitische Hilfswerk „Christenpflicht", in: 100 Jahre unterwegs. Festschrift der Evangelische Freikirche Mennonitengemeinde Ingolstadt. Ingolstadt 1991, 57–63.

eine sehr hohe Kaufkraft. Da die Gelder nicht mehr durch eine Einzelperson verwaltet werden konnten, baten die mennonitischen Geldgeber die Mennonitengemeinde in Ingolstadt, ein Hilfswerk zu gründen.

Michael Horsch war die prägende Person in den Anfängen des Mennonitischen Hilfswerk Christenpflicht.[3] Er wurde am 15. Januar 1871 in Giebelstadt (bei Würzburg) geboren. Sein Vater starb, als Michael 17 Jahre alt war – er musste dann den elterlichen Hof führen. Im Jahr 1913 erwarb er das Gut Hellmannsberg bei Ingolstadt. 1923 wurde er von der Mennonitengemeinde Ingolstadt zum Ältesten eingesetzt. Michael Horsch war einer der sieben Gründungsmitglieder des Mennonitischen Hilfswerkes Christenpflicht. Mit ihm waren fünf der Gründer aus der Mennonitengemeinde Ingolstadt. Bis zu seinem Tod war er Vorsitzender des Vereins.

Ein Bruder von Michael, John Horsch, war, um dem Militärdienst zu entgehen, in die USA ausgewandert. John hatte sich als Redakteur, Schriftsteller und Historiker einen gewissen Einfluss in der neuen Heimat erarbeitet. Auch der Schwiegersohn von John, Harold S. Bender, wurde zu einer einflussreichen Person etwa in der Täuferforschung. Der Gedanken liegt nahe, dass diese familiären Verbindungen eine Hilfe bei der Beschaffung von Spenden in Nordamerika waren.

Diakonisches Handeln

Die Hilfe für bedürftige Menschen in Ingolstadt war der Anfang. Weiteres folgte: So wurden in der Zeit von

---

3 Vgl. Volker Horsch: Michael Horsch, in: MennLex V, URL: https://www.mennlex.de/doku.php?id=art:horsch_michael [7. April 2023].

1920–1923 Kinder aus dem Erzgebirge auf Mennonitische Höfe gebracht. In einem ersten Schritt wurden 42 Kinder aufgenommen. Zudem wurden im Erzgebirge 12.000 hungernde Menschen regelmäßig unterstützt. Außerdem wurden in München, Augsburg und Würzburg tausende Menschen regelmäßig unterstützt. Zusammen mit den Behörden und anderen Organisationen wurden diejenigen ausgesucht, die dringend Hilfe brauchten. Dabei wurde nicht mit Geld, sondern mit Lebensmittelspenden geholfen. Hier spielten auch die Schwestern der Gemeinschaft eine wichtige Rolle. Zudem wurden in einem Haus der inneren Mission 50 hungernde Kinder untergebracht. Das Haus hätte aus Geldmangel verkauft werden müssen, aber durch 25.000 Mark, die vom Mennonitischen Hilfswerk beigesteuert wurden, konnte es erhalten bleiben. Dort wurde dann auch eine Stelle zur Unterstützung der Armen aufgebaut, eine ökumenische Kommission erstellte Listen mit hilfsbedürftigen Münchnern, so dass schließlich 2.000 Personen von mennonitischer Seite unterstützt wurden.[4]

Hinzu kam, dass viele Mennoniten während und nach dem Erstem Weltkrieg Russland verließen. So entstand die Idee, diese in der ehemaligen Militäranlage auf dem Lechfeld bei Augsburg anzusiedeln. Das nun folgende aufopfernde Engagement des Hilfswerks ging für einige Trägerpersonen bis an die wirtschaftliche Substanz des eigenen Hofes. 1923 wurde die Arbeit auf dem Lechfeld beendet.

---

4 Vgl. hierzu Günther Krüger: 75 Jahre und kein bisschen müde, in: Festschrift zum 75-jährigen Bestehen des Mennonitischen Hilfswerk Christenpflicht. o.O. 1997, 57–67.

Im Jahr 1930 wurde dem MHC durch Erbvertrag ein Gebäude in Burgweinting bei Regensburg überlassen. Vertraglich wurde geregelt, dass dieses Haus ausschließlich für diakonische Zwecke verwendet werden sollte. Der ursprüngliche Plan war, hier eine Ausbildungsstätte für mennonitische Diakonissen mit angeschlossenem Mutterhaus einzurichten. Es mangelte aber an jungen Frauen, die diesen Beruf ausüben wollten. Daher entschloss man sich, ein Altenheim einzurichten.

Doch auch an anderer Stelle engagierten sich das MHC: Michael Horsch berichtete 1930 auf der Mennonitischen Welthilfskonferenz von einem Gespräch mit dem Bürgermeister der Stadt Annaberg im Erzgebirge: „Als ich bei meiner ersten Anwesenheit im Erzgebirge dem Bürgermeister der Stadt Annaberg unsere Unterstützungsabsichten und -pläne klargelegt hatte, fragte er: ‚Warum machen Sie keinen Unterschied zwischen Konfessionen und politischen Richtungen?' Der Bürgermeister wollte damals nicht glauben, dass es so uneigennützige Menschen gibt, die für die eigenen Konfession keine ‚Sonderabsichten' haben." Durch die konkrete Arbeit des Hilfswerkes wurde der Bürgermeister indes überzeugt. Schließlich hat er das Engagement sogar nachhaltig gefördert.

Leitlinien des Handelns
Vor der Vereinsgründung gab es das Mennonitische Hilfskomitee, das im Grunde die inhaltlichen Leitlinien des diakonischen Handels bereitstellte. Dieses stellte seine Arbeit unter das Wort „So gehe hin und tue desgleichen" (Lk 10,37). Dieser Satz ist der Abschluss der Erzählung um das Gleichnis vom barmherzigen Samari-

ter. Mit dem Gleichnis fordert Jesus einen Gesetzeslehrer auf, theologisches Taktieren zu unterlassen und konkret auf die Not des Nächsten zu sehen – auch wenn der „Nächste" ihm selbst nicht besonders nahestehe. Diese Worte Jesu waren für die diakonische Hilfe mehr als eine griffige Werbebotschaft. Vielmehr waren sie die konkrete Herausforderung an Mennoniten, ins Tun zu kommen. Dies geschah dann auch: „Wer ein solches Kind aufnimmt, der nimmt mich auf": Mit diesen Worten aus Lk 9,37 wurden Mennoniten ab 1920 aufgerufen, Kinder zu sich auf den Hof zu holen. Dadurch sollten vom Hungertod bedrohte Kinder gerettet werden. Auch hier ist der Zusammenhang der Bibelstelle interessant: Die Jünger Jesu hatten darüber gesprochen, wer der Größte unter ihnen sei. Jesus sagt ihnen: „Wer der Erste sein will, soll der Letzte von allen und der Diener aller sein." Dies ergänzt er dann mit dem Wort, die Kinder aufzunehmen.

2022 hat das Mennonitische Hilfswerk sein 100-jähriges Bestehen als Verein gefeiert. Über die Jahre hinweg hat sich die Aufgabenstellung immer wieder verändert. Stand nach dem Ersten und Zweiten Weltkrieg die Hilfe für Menschen in Deutschland im Fokus, so veränderte sich der Blick immer mehr in Richtung Entwicklungshilfe. Das Mennonitische Hilfswerk wird heute von mehr als 50 Gemeinden getragen. Die Arbeit geschieht vor allem zusammen mit kirchlichen Partnerorganisationen aus den Ländern, in denen geholfen wird. Hilfe zur Selbsthilfe geschieht zum Beispiel durch Kleinkredite und Schulungen. Schwerpunkt ist dabei der afrikanische Kontinent. Zudem werden im Patenschaftsprogramm des Mennonitischen Hilfswerk fast 500 Kinder in verschiedenen Ländern unterstützt.

Kurt Kerber

DIAKONIE UND SOZIALES ENGAGEMENT

Das Gebot der Nächstenliebe wurde in mennonitischen Gemeinden in Worten, Taten und Werken sozial und diakonisch unterschiedlich gestaltet. Wo immer Not herrschte, half die geschwisterliche Liebe, Not zu lindern und das soziale Miteinander zu fördern.

Frühneuzeitliche Entwicklungen
Ein Blick in die täuferische und mennonitische Geschichte zeigt, dass diakonisches und soziales Engagement bis heute zum Selbstverständnis und Wesen mennonitischer Kirchen und Gemeinden zählt. Dies galt nicht zuletzt für die Armenpflege der Augsburger Täufergemeinde um 1530, von der es heißt, dass sie vom Rat der Stadt kritisch beäugt wurde, schienen dadurch doch überhaupt erst zahlreiche Täufer in die Stadt zu kommen.[1] Überhaupt gingen täuferische Gemeinden in der Armenfürsorge bahnbrechend vor: Schon bei ihrer Gründung war die Armenpflege einer der ersten Aufgaben, die sich die Gemeinden zum Ziel setzten. Der

---

1 Vgl. Friedrich Roth: Augsburger Reformationsgeschichte. 2. Aufl. München 1904, 339.

„Märtyrerspiegel"[2] und das „große Geschichtsbuch"[3] der hutterischen Brüder berichten, wie vertriebene Täufer bei Glaubensgeschwistern Schutz, Nahrung und Unterkunft fanden. Organisierte Armenpflege regelten die Täufer durch freiwillige Gaben nach dem Vorbild der ersten Gemeinde in Jerusalem. Zur Verwaltung der Beiträge wurden in täuferischen Gemeinden „Diener der zeitlichen Notdurft" bestellt, in deren Hand Gemeindearmenpflege, die Kassenführung und andere äußere Formen der Gemeindefürsorge lagen.

Auch Menno Simons beschrieb den Glauben, der in der Liebe tätig werde. Er erklärte, dass er Diakonie als die soziale Frucht des Glaubens bzw. als praktischen Ausdruck der Nachfolge Jesu verstehe, weil hier Diakonie und Feindesliebe verknüpft würden.[4] Menno Simons schreibt: „Denn der rechte evangelische Glaube ist einer solchen Natur, dass er nicht ruhen oder feiern kann, sondern er breitet sich stets aus in allerlei Gerechtigkeit und Früchten der Liebe; er stirbt Fleisch und Blut ab, rottet alle verbotenen Lüste und Begierden aus, sucht und fürchtet Gott und dient Ihm aus dem Innersten seiner Seele; er kleidet die Nackten, speist die Hungrigen, tröstet die Betrübten, herberget die Elenden, hilft und gibt Trost allen, die betrübten Herzens sind, tut wohl denen, die ihm Böses tun, dient denjenigen, die ihm Leides zufügen, bittet für die, welche ihn verfolgen, lehrt, ermahnt und straft uns mit des Herrn Wort, sucht das

---

2 Vgl. die erste Ausgabe: Thieleman Jansz van Braght: Het Bloedig Tooneel of Marteaers Spiegel der Doops-Gesinde of Weerelose Christenen. Dordrecht 1660.
3 Vgl. Rudolf Wolkan: Geschicht-Buch der Hutterischen Brüder. Standoff Colony (Alberta) 1923.
4 Vgl. Mt. 5,43ff.; Lk. 6,27ff.

Verlorene, verbindet das Verwundete, heilt das Kranke und behütet das Starke, alles ist er allen geworden."[5]

Typisch für täuferische Gemeindediakonie, vor allem in den von den „Schleitheimer Artikeln" und Menno Simons geprägten Gruppen,[6] waren die Absonderung der Glaubensgemeinschaft vom Staat. Dazu gehörte auch die Erfahrung der Verfolgung. Beide führten automatisch dazu, dass die gesamte soziale Fürsorge der Gemeindemitglieder nicht vom staatlichen Gemeinwesen erwartet werden konnte, sondern von der Gemeinde selbst verantwortet und gestaltet werden musste. Dementsprechend wurde beispielsweise 1591 in Köln von Vertretern der Schweizer Brüder sowie von niederländischen und norddeutschen Mennoniten betont, dass diese für die Fürsorge an Armen zuständig seien.

Im Konzept einer mennonitischen Bekenntnisschrift aus Köln von 1591 heißt es zudem, dass nach dem Vorbild der apostolischen Gemeinde Diakone gewählt werden sollten. Diese hatten die Aufgabe, sich um die Armen zu kümmern. Das heißt: Sie sollten die freiwilligen Gaben, die im Verborgenen von Gliedern der Gemeinde gespendet werden sollten, an die Bedürftigen weiterleiten. Im „Dordrechter Glaubensbekenntnis"[7] aus dem Jahr

---

5 Menno Simons: Die Ursache, warum ich, Menno Simons, nicht ablasse, zu lehren und zu schreiben, in: Michael Ott (Hrsg.): Die vollständigen Werke Menno Simons. Weingarten 2012, 487–509, hier: 498. Dass Diakonie bereits zur Zeit Menno Simons' nicht auf die eigene Glaubensgruppe reduziert blieb, ist auch an der von ihm selbst überlieferten, im Winter 1553 durchgeführten Aktion der Täufer zugunsten der reformierten Flüchtlinge und Anhänger von Johannes a Lasco, die auf der Ostsee vor Wismar eingefroren waren, erkennbar.

6 Vgl. zum Schleitheimer Bekenntnis: URL: https://www.museum-schleitheim.ch/geschichte/taeuferbekenntnis_1.htm [5. April 2023].

7 Vgl. Jaap Brüsewitz (Hrsg.): Confessie van Dordrecht, 1632. Amsterdam 1982.

1632 werden zudem Diakonissinnen erwähnt, denen vor allem die Diakonie an Witwen und Waisen anvertraut wurde. Auch in anderen mennonitischen Bekenntnissen wird das Amt des Diakons hervorgehoben und berücksichtigt. In Krefeld wurde 1760 durch das Testament der Brüder Friedrich und Heinrich von der Leyen 1760 die „Mennoniten Fundation" gegründet, die heute noch als „Von der Leyen'sche Stiftung" existiert und aus deren Mitteln jedes Jahr bedürftige Mitglieder und Freunde der MG Krefeld unterstützt werden.[8]

Neuzeitliche Entwicklungen

Eine Zäsur war es, als im März 1904 Brüder der Ältestenversammlung des badisch-württembergisch-bayrischen Gemeindeverbandes übereinkamen, ein Diakonissenwerk ins Leben zu rufen, um Frauen mit der Berufung zum Diakonissendienst in der häuslichen und stationären Krankenpflege zusammenzuführen. Bereits 1894 hatte es erste Kontakte zur Diakonissenanstalt nach Kaiserswerth gegeben. Da sich weitere Bewerberinnen für den Diakonissendienst beim Gemeindeverband meldeten, wurde die evangelische Diakonissenanstalt in Karlsruhe-Rüppurr zur zukünftigen Ausbildungsstätte mennonitischer Diakonissen bestimmt. 1905 wurde die Begleitung des Diakonissenwerks einem Diakonieausschuss übertragen, der über 84 Jahre den Dienst von 27 Frauen, davon 16 Diakonissen und zwei Verbandsschwestern, koordinierte und nach außen verantwortete.

---

8 Vgl. hierzu URL: https://www.mennoniten-kr.de/gemeindeleben/stiftungen/von-der-leyensche-stiftung/ [5. April 2023].

Diakonissen und Schwestern waren in drei Bereichen tätig: zu Beginn in der Privatkrankenpflege bei zerstreut wohnenden Gemeindegliedern, dann im Krankenhausdienst, während des Ersten Weltkrieges in Lazaretten und seit 1924 auch in der Hauswirtschaft und Gästebetreuung des mennonitischen Bibelheims sowie in der Pflege des späteren in Verbindung mit dem Bibelheim geführten Altenheims in Karlsruhe-Thomashof,[9] das den Schwestern im Alter auch als Feierabendhaus zur Verfügung stand.

Gedient haben die Schwestern und Diakonissen Kranken, Alten, Schwachen, Sterbenden, Behinderten, Kindern, Jugendlichen und Gästen bei Bibelkursen, Freizeiten und Tagungen im Bibelheim, aber auch darüber hinaus – so z. B. im Bezirkskrankenhaus in Bad Friedrichshall-Kochendorf und von 1928 bis 1973 im städtischen Krankenhaus in Adelsheim.

Ein Zentrum diakonischen Wirkens in Bayern entwickelte sich in Burgweinting bei Regensburg. Joseph Hochstettler (1844–1918), Pächter des Burgweintinger Gutes des Fürsten von Thurn und Taxis, hatte hier zusammen mit seinem Vetter Joseph Hochstettler von Wolfering (1849–1940) einen Alterssitz erbaut, den die beiden Ehepaare 1912 bezogen. Das Haus wurde bald zu einem Ort großzügiger Gastfreundschaft für die weit verstreuten Verwandten, die sich 1893 regelmäßig zu gottesdienstlichen Versammlungen in der Bruderhauskirche in Regensburg trafen und im Vorfeld oder im Nachgang in Burgweinting Station machten.

---

9 Vgl. Ursula Günther: Karlsruhe-Thomashof, in: URL: https://www.mennlex.de/doku.php?id=loc:karlsruhe-thomashof [5. April 2023].

Beide Ehepaare waren kinderlos. Deshalb nahmen Josef und Anna Hochstettler eine Nichte, Babette Ringenberg (1878–1967), als Kind auf. Babette wurde Erbin des Anwesens, blieb unverheiratet und begleitete die beiden Ehepaare und einige andere Senioren, die dort ihren Wohnsitz gefunden hatten, bis zu ihrem Tod. 1930 überschrieb Babette Ringenberg das geerbte Anwesen und Gartengrundstück an das 1922 gegründete Mennonitische Hilfswerk Christenpflicht (MHC) mit der Auflage, es „für mennonitische Diakonie" zu verwenden.

Auch in Burgweinting sollten ursprünglich Diakonissen leben und arbeiten: Im August 1931 siedelte Schwester Elise mit Schwester Klara Krehbiel, die aus der Mennonitengemeinde Weierhof in der Pfalz stammte, hierher über. Das Anwesen in Burgweinting erhielt dann den Namen „Diakonissenheim". Fortan arbeiteten hier mennonitische Diakonissen, die auf der Hensoltshöhe ausgebildet worden waren, zusammen mit freien Schwestern und Helferinnen. Die Pläne, in Burgweinting ein mennonitisches Diakonissen-Mutterhaus zu gründen, mussten aber schließlich aufgegeben werden, weil sich hier langfristig keine jungen Frauen als mennonitische Diakonissen gewinnen ließen.

1949 wurde der Mennonitische Heime-Verein e.V. (MHV) mit dem Ziel gegründet, älteren Menschen, die als Flüchtlinge aus mennonitischen Siedlungsgebieten in Westpreußen, Polen und der damaligen Sowjetunion in den Westen gekommen waren, eine Bleibe zu geben. Der Heimverein unterhielt zu Beginn drei Altenheime in Leutesdorf bei Neuwied, in Pinneberg und Enkenbach und zeitweise auch ein Kinderheim in Bad Dürkheim.

Neben der Fürsorge für ältere und pflegebedürftige Menschen setzte sich der Heimverein für Jugendliche ein. Darüber hinaus hat er den familiengerechten Wohnungsbau und die Errichtung von Kirchen- und Gemeindehäusern unterstützt. 1953 entstand die Mennonitische Siedlungshilfe, die mit finanziellen Mitteln des MCC mennonitische Flüchtlingssiedlungen in Neuwied, Wedel, Backnang und Bechterdissen aufbaute.[10]

Aus der Einsicht in die Notwendigkeit, sich auch weiterhin für ältere Menschen in den Gemeinden und im gemeindlichen Umfeld und ihre Begleitung und Betreuung in den Gemeinden zu engagieren, wurde als Nachfolgeorganisation eine professionell geführte Organisation für lokale Betreuungsangebote für Senioren gegründet: „Menndia e.V.". Angestellte Mitarbeiterinnen und eine für die Koordination vollzeitige angestellte Kraft initiieren, fördern und begleiten gemeindliches und individuelles ehrenamtliches Engagement in der Begleitung und Betreuung von Senioren u.a. in den Gemeinden Enkenbach, Sembach Neuwied, Bechterdissen und Espelkamp.

Mennonitische Friedensdiakonie
Gesellschaftlicher Wandel und die fortschreitende Globalisierung verändern die Aufgaben für die durch Werke getragene Diakonie und für die gemeindliche Diakonie weiter. Heinz-Dieter Giesbrecht hat aus täu-

---

10 Vgl. Willi Wiedemann: Das mennonitische Altersheim in Burgweinting. (Ms.). Regensburg 1985; Wilhelm Unger: Erkundungen über Babette Ringenberg. (Ms.). Regensburg. o. J.; Roland Werner: Bericht zum Ringenberghaus. Informationen an die Mennonitengemeinde Regensburg. Regensburg 2017.

ferischer Sicht aktuelle diakonische Herausforderungen thematisiert. Er hält fest: „Für viele Täufer war das gewaltfreie Zeugnis der Gemeinde fundamental. Das Wesen der Gemeinde als geistgewirkte alternative Sozialordnung des Friedens hat in der täuferisch-mennonitischen Tradition und Theologie bestimmte Ideale und Ausdrucksformen entwickelt, die sich unter dem Stichwort mennonitischer Friedensdiakonie [...] zusammenfassen lassen."[11] Gemeint sind damit Versuche, Strategien versöhnender Konfliktlösung zu entwickeln. Ebenso geht es um die Förderung einer interethnischen und internationalen Friedenskultur, um Verantwortung und gemeinschaftsorientierte Entscheidungsfindung in sozialen Prozessen sowie um die Förderung von gewaltlosen Prozessen sozialer Transformation. Dabei steht der Abbau destruktiver oder machtorientierter Hierarchien bei gleichzeitiger Förderung von solidarischer Interdependenz und Verantwortung im Mittelpunkt.

Hinzu kommen ethische Ausdrucksformen der mennonitischen Friedensdiakonie. Diese umfassen die Interdependenz von Menschheit und Umwelt im Sinn einer dem Schöpfer gegenüber zu verantwortenden Schöpfungsethik sowie die Förderung von Strategien des ökonomischen Ausgleichs zwischen Menschen und Menschengruppen verschiedener wirtschaftlicher Voraussetzungen. Darin inhärent ist die Option für die Armen, Schwachen und Stimmlosen. All dies kann konkrete politische Ausdrucksformen finden wie etwa

---

11 Heinz-Dieter Giesbrecht: Mennonitische Diakonie am Beispiel Paraguays. Eine diakonietheologische Untersuchung. Heidelberg 2011, 126f.

Kriegsdienstverweigerung aus Gewissensgründen, die Entwicklung von Modellen zur gerechten Friedensstiftung sowie die Förderung der Religions- und Gewissensfreiheit.[12]

---

12 Vgl. auch Theodor Glück, Gemeinden in friedenstiftender Christusnachfolge. Lage 2006.

Mennonitische Diakonisse
Rechte: Mennonitische Forschungsstelle Weierhof

Rainer W. Burkart, Michael Martin

VERSÖHNUNG 2010 – EIN OFFENER PROZESS

Das Jahr 2010 ist ein Meilenstein in den Beziehungen zwischen Lutheranern und Mennoniten. Nach einigen nationalen Gesprächen seit den 1980er Jahren im Zusammenhang mit dem 450-jährigen Gedenken an die *Confessio Augustana* (CA) etwa in Frankreich, Deutschland und den USA erarbeitete ab 2005 die Internationale lutherisch-mennonitische Studienkommission des Lutherischen Weltbundes (LWB) und der Mennonitischen Weltkonferenz (MWK) einen gemeinsamen Text, der die Trennungsgeschichte des 16. Jahrhunderts gemeinsam erzählt und die Verwerfungen der „Wiedertäufer" in einigen Artikeln der CA kritisch untersucht und in ihrer Bedeutung für Geschichte und Gegenwart beleuchtet.[1] Die in beiden Weltgemeinschaften zuständigen Gremien nahmen den Bericht mit Zustimmung entgegen und der LWB bereitete für die Vollversammlung in Stuttgart 2010 eine Vergebungsbitte an die MWK vor.

Zuvor kam es jedoch zu einem bemerkenswerten Ereignis bei der Versammlung der MWK in Asuncion (Paraguay) im Jahr 2009, das in mancherlei Hinsicht den Weg gewiesen hat für den Versöhnungsprozes-

---

1 Vgl. Lutherischer Weltbund, Mennonitische Weltkonferenz (Hrsg.): Heilung der Erinnerungen – Versöhnung in Christus, Bericht der Internationalen lutherisch-mennonitischen Studienkommission. Genf, Strasbourg 2010, URL: https://www.lutheranworld.org/sites/default/files/OEA-Lutheran-Mennonites-DE-full.pdf [10. April 2023].

ses. LWB-Generalsekretär Ishmael Noko berichtete in Asunción als Gast bei der öffentlichen Vollversammlung von der geplanten Aktion des LWB. Damit erntete er spontanen, langanhaltenden, stehenden Applaus der dort versammelten mehreren tausend Menschen aus unzähligen mennonitischen Gemeinden. Diese waren keine Kirchenfunktionärinnen und Kirchenfunktionäre, sondern Gemeindeglieder aus aller Welt.

Davon ausgehend wurden für die Vollversammlung des LWB 2010 in Stuttgart Möglichkeiten der Beteiligung einer interessierten Öffentlichkeit aus beiden Kirchenfamilien in Deutschland geplant, etwa auf der Besuchergalerie während des offiziellen Plenums oder beim gemeinsamen Weg unter Gebet und Gesang zum Versöhnungsgottesdienst. Ein lutherisch-mennonitischer Chor aus benachbarten Gemeinden in Ingolstadt gestaltete diese Feier musikalisch mit.

Die Plenumsveranstaltung, in der die Delegierten des LWB das Schuldbekenntnis und die Vergebungsbitte gegenüber der MWK zum Ausdruck brachten, hatte nicht nur eine parlamentarische, sondern auch eine geistliche Dimension. Der Präsident des LWB, Bischof Mark Hanson, lud die Delegierten ein, ihre Zustimmung kniend oder stehend zum Ausdruck zu bringen. Viele kamen dieser Einladung nach, und es breitete sich andächtige Stille im Plenum und auf der Besuchergalerie aus.[2]

Die Beziehungen zwischen den beiden reformatorischen Kirchenfamilien sind seit 2010 auf eine neue Basis gestellt. Die bestehenden Unterschiede im Verständnis

---

2 Der Film zur Versöhnungshandlung bei der Vollversammlung des LWB in Stuttgart 2010 ist abrufbar unter URL: https://www.youtube.com/watch?v=VYMK14ATxNU [5. August 2021].

und der Praxis der Taufe, in der Frage der möglichen Anwendung tödlicher Gewalt in bestimmten Situationen oder im Verhältnis zwischen Kirche und Staat sind dabei nicht unter den Teppich gekehrt worden, im Gegenteil: Das Gespräch nach 2010 geht weiter; „Stuttgart 2010" ist kein Abschluss, sondern ein entscheidender, wichtiger Schritt auf einem gemeinsamen Weg.

Zudem ist diese Entwicklung nicht isoliert zu betrachten von den nationalen Gesprächen seit 1980. „Stuttgart 2010" hat zudem weltweit zu weiteren lutherisch-mennonitischen Kooperationen geführt, etwa zwischen benachbarten Kirchengemeinden – wie z. B. in Bayern schon Ende des 19. Jahrhunderts üblich: Die Mennonitengemeinde Regensburg etwa mietete von 1893 bis 1966 die evangelisch-lutherische Bruderhauskirche in Regensburg für ihre Gottesdienste. 1966 baute sie ein Gemeindezentrum in Burgweinting (heute ein Stadtteil von Regensburg) auf dem Grundstück eines bereits bestehenden kleinen mennonitischen Altersheims, in dem auch die evangelisch-lutherische Matthäusgemeinde Regensburg ab und zu Gottesdienste feierte.[3] Diese mietete sich in dem Neubau für ihre Filialgottesdienste ein und bezahlte die Miete für 50 Jahre im Voraus. 2009 entstand am Ort eine lutherische Gemeinde mit eigener Kirche. Die ökumenische Zusammenarbeit ist sehr gut.[4]

---

[3] Vgl. Albert Schantz: Das Altenheim Burgweinting, in: Mennonitischer Gemeindekalender 1961, 40–43, hier: 40.

[4] Vgl. Hermann Hage, Wilhelm Unger: Die Mennonitengemeinde Regensburg-Burgweinting – Herkunft und Zukunft einer aktiven evangelischen Freikirche, in: Katharina Lenz (Hrsg.): Burgweinting. Vom Dorf zum Regensburger Stadtteil. Geschichte und Geschichten. Regensburg 2019, 201–208.

Mennoniten leben in Bayern häufig in extremer Diasporasituation mit sehr weiten Wegen zu ihren Gottesdiensten und haben oft und seit langem enge Beziehungen zu lutherischen Gemeinden bis hin zur aktiven Teilnahme am Gemeindeleben. Auch die seit Generationen übliche Teilnahme mennonitischer Kinder und Jugendlicher am evangelisch-lutherischen Religionsunterricht muss hier genannt werden. Für viele war daher die versöhnte Verschiedenheit längst geübte Praxis. Das Verbindende im Glauben wurde als stärker empfunden als die Unterschiede. Auch die Verbundenheit zwischen zwei reformatorischen Minderheitskirchen in überwiegend römisch-katholischer Umgebung spielte eine Rolle.

Im internationalen Dialog zwischen LWB und MWK war man sich bewusst, dass die bisher geführten Gespräche trotz vieler Übereinstimmungen eine Reihe von offenen Fragen zur weiteren Bearbeitung hinterließen. Sowohl aus den Gesprächen zwischen MWK und dem „Päpstlichen Rat zur Förderung der christlichen Einheit" als auch aus den verschiedenen lutherisch-mennonitischen Gesprächen war das Bedürfnis entstanden, sich tiefer mit dem Verständnis der Taufe zu befassen und einander besser zu verstehen. Sehr viele mennonitische Kirchen weltweit können sich eine Aufnahme ohne Taufe nicht vorstellen, die dann jedoch von den Partnerkirchen als „Wiedertaufe" verstanden wird. Manche mennonitischen Kirchen, wie etwa die Arbeitsgemeinschaft Mennonitischer Gemeinden in Deutschland (AMG), respektieren dabei die Gewissensentscheidung der Übertretenden. In anderen mennonitischen Kirchen weltweit hat das Nachdenken über diese Fragen erst begonnen. Hier genau gegenseitig hinzuhören und die

Sicht des jeweiligen Partners versuchen zu verstehen, war und ist eine wichtige Aufgabe. Vor diesem Hintergrund und aufgrund ihrer begrenzten Ressourcen warf die MWK die Frage auf, ob dies nicht in einem trilateralen Gesprächsmodell möglich wäre. Daraus erwuchs ein trilaterales Gespräch, das 2012 begann und 2017 zum Abschluss kam.

Vom LWB wurde darüber hinaus eine Arbeitsgruppe eingesetzt, die Ideen für die Rezeption der Versöhnung von 2010 zusammengestellt und weitere Impulse für das Miteinander von Mennoniten und Lutheranern weltweit und vor Ort formuliert hat. Unter dem Titel „Früchte tragen: Die Versöhnung zwischen Lutheranern und Mennoniten/Täufern im Jahr 2010 und ihre Bedeutung für die Zukunft"[5] wurden die Ergebnisse der Arbeitsgruppe zusammengefasst. Besonders wichtig war, dass mit John Roth ein Vertreter der MWK ein Mitglied der Arbeitsgruppe war. Es war auch seine Initiative, dass bei einer Zusammenkunft der Arbeitsgruppe in Goshen (USA) ein Treffen mit einer Gruppe der Amischen Gemeinschaft in Shipshewana (USA) möglich wurde. Unvergessen bleibt davon die ehrliche Frage von Joe Wingard Jr., einem Mitglied dieser Gemeinschaft, ob die Lutheraner denn wirklich Kinder tauften und wie sie das mit dem biblischen Zeugnis begründeten. Ein tiefsinniger Dialog und eine echte Begegnung von bisher Fremden aus ganz verschiedenen Kontexten mit sehr unterschiedlichen Lebenserfahrungen schlossen sich bis in die Abendstun-

---

5 Vgl. Lutherischer Weltbund (Hrsg.): Heilung der Erinnerungen, die Bedeutung der lutherisch-mennonitischen Versöhnung. Leipzig 2017, 143–225, URL: https://www.lutheranworld.org/sites/default/files/dtpw-studies-201602-healing_memories_de_full.pdf [2. August 2021].

den hinein an. Es sind solche Begegnungen, die deutlich machen, was Versöhnung und geschwisterliches Miteinander von Verschiedenen heißt.

Dass Versöhnung nur miteinander gelingt und dabei beide Partner Schritte aufeinander zu gehen, wurde schon bei der Vollversammlung des LWB in Stuttgart deutlich. Eine wichtige Folge für Lutheraner ist es nun, vor allem die CA mit ihren Verwerfungssätzen im Licht dieser Versöhnung zu lesen. Dazu gibt es Hinweise für theologische Fakultäten genauso wie für einzelne Kirchen. Die Einleitung der Evang.-Luth. Kirche in Bayern zur CA im Evangelischen Gesangbuch[6] ist ein Beispiel für ein Verständnis dieses Bekenntnisses im Licht der neuen Erfahrungen. Aber auch weitere grundsätzliche Fragen zum Umgang mit Verwerfungssätzen[7] müssen intensiv bei Begegnungen auf allen Ebenen des kirchlichen Miteinanders diskutiert werden.[8]

Eine wesentliche und zugleich kontroverse Frage, die das Miteinander der beiden Kirchen bis heute begleitet, ist der Umgang mit „tödlicher Gewalt". Während Lutheraner im Rahmen ihres Verständnisses der „zwei Regierweisen Gottes" hier traditionell eine Lösung finden, die die Anwendung tödlicher Gewalt für Christen als ultima ratio ermöglicht, wird dies von der Mehrzahl der Mennoniten/Täufer aufgrund des Friedenszeugnisses der Bibel und vor allem der Verkündigung Jesu in der Bergpredigt grundsätzlich abgelehnt.[9]

---

[6] Vgl. a. a. O., 215f.
[7] Vgl. a. a. O. 166.
[8] Hermeneutische Überlegungen zu CA V, CA IX, CA XII, CA XVI und CA XVII, die zu solchen Gesprächen ermutigen, finden sich im Bericht der Arbeitsgruppe. Vgl. a. a. O., 216.
[9] Vgl. a. a. O., 184.

Zu dem gemeinsamen Sein gehört auch das beeindruckende Miteinander bei diakonischen Projekten – sowohl vor Ort wie auch weltweit.[10] Gerade im gemeinsamen Handeln angesichts von Flucht und Vertreibung, Krieg und Hunger, Umweltzerstörung und den Folgen der Klimaerwärmung zeigt sich eine ganz wichtige Frucht der Versöhnung.

Aber auch symbolische Gesten wie die Baumpflanzaktionen[11] in Wittenberg, Bad Oldesloe oder Elkhart sind Gelegenheiten, die Versöhnung deutlich zu machen und vor Ort aufeinander zuzugehen. Dieses kann ansteckend wirken und andere Gemeinden einladen, das Gespräch zu suchen und gemeinsam, mit allen Verschiedenheiten, Zeugen des Evangeliums sein zu können.

Dass mit der Versöhnungshandlung bei der Vollversammlung des LWB in Stuttgart nicht einfach alle Fragen des Miteinanders geklärt worden sind, ist bereits deutlich geworden. Aber die Versöhnung bewährt sich gerade dann, wenn kontroverse Fragen miteinander oder sogar mit Dritten angesprochen und bearbeitet werden.

Die ersten Früchte der Versöhnung von Mennoniten/Täufern und Lutheranern sind sichtbar. Impulse für weitere Schritte vor Ort, in den Regionen und weltweit liegen vor und regen an, weitere Schritte miteinander zu gehen. Der Weg bis zur Versöhnungshandlung 2010 in Stuttgart und der weitere Weg der Rezeption, Aneignung und Vertiefung dieses Miteinanders nach den

---

10 Vgl. a. a. O., 196f.
11 Vgl. a. a. O., 201.

Jahrhunderten der Trennung und Anfeindung ist beschrieben. Jetzt kommt es darauf an, dass miteinander an vielen Orten konkrete Schritte der Versöhnung und des gemeinsamen Zeugnisses gegangen werden.

Der gesamte bisherige Weg von Lutheranern und Mennoniten/Täufern zeigt, welche guten Früchte der ökumenische Dialog hervorbringen kann. Er macht aber auch Mut, andere Konfessionen und Kirchen auf diesen Weg einzuladen – hin zur versöhnten Verschiedenheit der einen Kirche Jesu Christi aus allen Traditionen und Konfessionen überall auf der Erde. Dass diese Versöhnung zwischen Mennoniten/Täufern und Lutheranern tatsächlich auch andere ökumenische Wege inspiriert, zeigt der Hinweis aus dem Studiendokument des internationalen lutherisch-römisch-katholischen Dialogs für das Reformationsjubiläum 2017 mit dem Titel „Vom Konflikt zur Gemeinschaft".[12] Unter der Überschrift „Lutherisches Bekenntnis von Sünden gegen die Einheit"[13] wird auf das Schuldbekenntnis und die Vergebungsbitte der Lutheraner bei der Vollversammlung des LWB 2010 in Stuttgart verwiesen und so deutlich gemacht, dass Heilung der Erinnerungen und Versöhnung zwischen entfremdeten und sogar verfeindeten Kirchen möglich ist. Gerade dies kann auch ein Hinweis sein, wie Auseinandersetzungen zwischen verschiedenen Konfessionen vom Konflikt zur Gemeinschaft führen können.

---

12 Vgl. Vom Konflikt zur Gemeinschaft, Gemeinsames lutherisch-katholisches Reformationsgedenken im Jahr 2017, Bericht der Lutherisch/Römisch-katholischen Kommission für die Einheit. Leipzig, Paderborn 2013, URL: https://www.lutheranworld.org/sites/default/files/LWB_Vom_Konflikt_zur_Gemeinschaft.pdf [2. August 2021].

13 A. a. O., 93f.

Lutz Heidebrecht

REFORMATIONSGEDENKEN 2017 – REFLEXIONEN

Kurz vor dem eigenen Festjahr zum 500-jährigen Täufergedenken sei ein kritischer Blick auf das Reformationsjubiläum 2017 erlaubt. Kritisch nicht, weil Mennoniten das Vorgehen der verschiedenen lutherischen Akteure und Veranstalter zu beurteilen hätten, sondern weil wir die eigene Haltung und Beteiligung als täuferische Christinnen und Christen unter die Lupe nehmen.

Je nach persönlicher Grundhaltung und ökumenischer Erfahrung fiel die mennonitische Einschätzung des sich anbahnenden Reformationsjubiläums unterschiedlich aus. So mancher gefiel sich in der Rolle des ewigen Mahners, der mit verschränkten Armen unermüdlich darauf hinwies, dass es nicht das Lutherjahr sei, das 2017 gefeiert werde. Andere boten mit ausgestreckten Armen ihr Mitdenken und Mitwirken in der Planung, Vorbereitung und Durchführung von Angeboten zum Reformationsjubiläum an, auch wenn die speziell täuferischen Themen nicht im Mittelpunkt des jeweiligen Konzepts standen oder bis dahin überhaupt nicht berücksichtigt wurden. Aus Sicht der Lutherischen Kirche in Bayern resümiert die Ökumene-Referentin Maria Stettner treffend, dass ökumenische Partner, und damit eben auch täuferische Christen, vereinzelt in die Beratungen einbezogen wurden, kleine Rollen in den Gottesdiensten erhielten, nur als Zeugen gehört oder aber schlicht vergessen wurden.[1]

Wenn diese Einschätzung stimmt, stellt sich die Frage, wie sichtbar oder erkennbar die Mennonitengemeinden überhaupt sind und sein wollen. Einen wohlvertrauten und verlässlichen ökumenischen Partner kann man schwerlich übersehen oder außen vorlassen. Wollen wir gesehen, angesprochen und eingebunden werden? Dann scheint es dringend geboten, dass täuferische Christen sich mit einer gesunden, demütigen und zugleich mutigen Haltung in das ökumenische und gesellschaftliche Leben einbringen.

Gesund – weil wir nach einem gelungenen Gesprächsprozess dankbar auf die gegenseitige Vergebung und die Versöhnung der Kirchen des Lutherischen Weltbundes mit den Kirchen der Mennonitischen Weltkonferenz zurückschauen. Hier ist 2010 etwas heil geworden. Hinter diesen Meilenstein auf dem gemeinsamen Weg wollen wir nicht zurück. Er soll verhindern, dass wir uns als Stiefkinder oder gar Opfer der Reformation verstehen. Die Versöhnung nivelliert die bestehenden Unterschiede nicht, aber sie ermöglicht eine gesunde ökumenische Standfestigkeit um Christi Willen.

Demütig – weil wir der ganzen reformatorischen Bewegung nicht gerecht werden, wenn wir sie an den Maßstäben der gewachsenen Ökumene messen und nicht im Zusammenhang der gesellschaftlichen und politischen Herausforderungen des 16. Jahrhunderts sehen. Täu-

---

[1] Vgl. Maria Stettner: Signale 2017, in: Christian Düfel, Maria Stettner, Dieter Stößlein (Hrsg.): Weitergehen. Einsichten und Anregungen aus der Reformationsdekade, Leipzig 2018, 174–188, hier: 185.

ferische Christen sind nicht die besseren oder die wahren Reformatoren, sondern Teil der Geschichte Gottes mit seinen Menschen. Im Konzert der Kirchen spielen wir nicht die erste Geige, tragen aber unseren speziellen und wichtigen Teil zum vollen Orchesterklang des Lobes Gottes bei.

Mutig – weil das zentrale Motto der Täuferbewegung, nämlich die Nachfolge Jesu Christi als gelebter christlicher Glaube, mittlerweile längst zur ökumenischen Identität gehört. So wurde die Christusnachfolge bei der Konferenz für Weltmission und Evangelisation des Ökumenisches Rates der Kirchen (ÖRK) in Arusha, Tansania (2018) neu ins Zentrum gerückt: „Vom Geist bewegt – zu verwandelnder Nachfolge berufen". Diverse Workshops der Vollversammlung des ÖRK 2022 in Karlsruhe haben diese Wahrheit bestätigt und vertieft.

Wir sollten den guten Impuls des Reformationsjubiläums 2017 aufzugreifen und auch die Erinnerung an 500 Jahre Täuferbewegung mit großer ökumenischer Beteiligung gesund, demütig und mutig als Christusfest feiern.

Maria Stettner

GEMEINSAM WEITERGEHEN

Mennoniten und Lutheraner in Bayern – man kennt sich? Schön wäre es, aber dies trifft nur auf einen relativ kleinen Personenkreis zu. Sich gegenseitig besser kennenzulernen, gelingt meist denen, die Mitglied einer Delegation ihrer jeweiligen Kirche bei der Arbeitsgemeinschaft Christlicher Kirchen (ACK) auf Bayernebene oder in einer lokalen ACK sind oder die zufällig in einer entsprechenden Nachbarschaft leben. Diese Situation beruht maßgeblich auf der Minderheitensituation, in der sich Mennoniten in Bayern befinden. Rund 450 getaufte Mitglieder in zehn Gemeinden gehören zur Vereinigung Bayerischer Mennonitengemeinden KdöR.[1] Ihnen stehen mehr als zwei Millionen Mitglieder der Evangelisch-Lutherischen Kirche in Bayern gegenüber. Blickt man jedoch auf die aktiv partizipierenden Mitglieder, so verringert sich der zahlenmäßige Unterschied. Ein starkes Ungleichgewicht bleibt dennoch bestehen. Es zeigt sich auch darin, dass die landeskirchliche Präsenz selbst in der Diaspora flächendeckend ist, dies für Mennonitengemeinden aber kaum zu sagen ist.

---

1 Statistische Informationen der ACK Bayern (Stand 2018). URL: https://www.ack-bayern.de/mitglieder/mitgliederliste/vereinigung-bayerischer-mennonitengemeinden/ [24. August 2022].

Dabei sind weitere Differenzierungen nötig: Die Vereinigung Bayerischer Mennonitengemeinden KdöR ist die Partnerin, die die Mitgliedskirchen der ACK antreffen, wenn die institutionalisierte Ökumene miteinander gestaltet werden soll. Nicht mitgezählt sind die in anderen Gemeindeverbänden organisierten vorwiegend russlanddeutschen Mennoniten, von denen es in Bayern viele gibt. Sie sind manchmal im Kontext der örtlichen Evangelischen Allianz anzutreffen. Ebenfalls nicht mitgezählt sind baptistische Gemeinden unterschiedlicher Art, innerhalb und außerhalb des Bundes Evangelisch-Freikirchlicher Gemeinden (BEFG), die sich ebenfalls auf die täuferische Traditionen der Reformationszeit berufen.

Die allerwenigsten landeskirchlichen Evangelischen haben eine Vorstellung davon, dass beide Kirchen dieselbe Entstehungszeit teilen und dass es eine traurige Geschichte der harschen Ablehnung gegenüber den täuferisch gesinnten Mennoniten gegeben hat, die bis zur Verfolgung reichte. Es gab allerdings einige wenige Momente in der neueren Geschichte, in denen sich ein Fenster zum besseren Kennenlernen geöffnet hat: Die bewegende Versöhnungsfeier in Stuttgart während der Vollversammlung des Lutherischen Weltbundes im Jahr 2010 war einer davon. Ein anderer hätte 2017 mit dem gemeinsamen Reformationsgedenken sein können. Gerade im Blick auf 2017 jedoch wird deutlich, dass das Augenmerk bayerischer Lutheraner:innen (und dies gilt noch mehr für die gesamte Evangelische Kirche in Deutschland) in der Ökumene so gut wie ausschließlich auf die römisch-katholischen Glaubensgeschwister und die dominierende jahrhundertelange Auseinandersetzung dieser beiden Majoritätskonfessionen in Bayern gerichtet ist. Die mahnenden und zunehmend ärgerlichen Stimmen aus dem Kreis täuferischer ökumenischer Partner, die (z. B. von der Baptistin Andrea Strübind) vor der Verengung der Perspektive des Reformationsgedenkens in Deutschland auf Landeskirchen und römisch-katholische Kirche fand nicht rechtzeitig und genügend Gehör. Wolfgang Krauss' unermüdliches Aufmerksam-Machen auf die täuferische Geschichte in der Stadt Augsburg ist ein weiterer Versuch, dieser historischen Realität Stimme zu verleihen.

2025 ist für die Täuferbewegung ein zentrales Jahr des Gedenkens. Die fünf Jahre der Vorbereitung darauf im Rahmen von „Gewagt! 500 Jahre Täuferbewegung 1525–2025"[2] stellen eine hervorragende Möglichkeit für Mennonitengemeinden dar, ihre lutherischen Nachbarn einzuladen, mit ihnen gemeinsam die jeweiligen Jahresthemen aufzugreifen und dabei zentrale Themen täuferischer Glaubens- und Lebensgestalt miteinander zu bedenken. Oder sollten die lutherischen Gemeinden die mennonitischen Nachbarn einladen?

Mit 2030 nähert sich für die lutherische Tradition ein weiterer Höhepunkt des Gedenkens an 500 Jahre Reformation. Am 25. Juni 1530 wurde in Augsburg die *Confessio Augustana*, das Augsburgische Bekenntnis, an den Kaiser übergeben. Ziel war es, die Anschlussfähigkeit des lutherischen Glaubens an die römisch-katholische Lehre zu untermauern. Allerdings galt es zugleich, Auswüchse und theologische Fehlentscheidungen – aus der Perspektive der Wittenberger Refor-

---

2   Vgl. URL: http://www.taeuferbewegung2025.de/intro [24. August 2022].

mation – abzuweisen und Kritik zu üben. Für letzteres wurde der Ausdruck „verwerfen" prägnant. Verwerfungen wurden auch gegenüber Grundgedanken der täuferischen Tradition formuliert – im Blick auf deren Ablehnung der Taufe unmündiger Kinder und auf deren Verständnis von staatlicher Gewalt. Für die Täufer ist die *Confessio Augustana* deshalb ein Dokument verschärfter Abgrenzung. Ein Versuch, Gemeinsamkeit und Einheit festzuhalten, ist für sie in der *Confessio Augustana* schwerlich zu entdecken. Darauf muss in der Vorbereitung auf 2030 dringend geachtet werden. Die Versöhnung von Mennoniten und Lutheranern 2010 hat mit dem Ansatz der „Heilung der Erinnerungen" völlig neue Maßstäbe gesetzt, in einem zweiten Schritt wurden die Themen der Differenz in neuer Offenheit angegangen.[3] Auf dieser Basis gilt es, auf allen Ebenen ökumenischer Dialoge weiter miteinander im Gespräch zu bleiben: weltweit, national, regional und im ganz praktischen Miteinander vor Ort.

Warum Ökumene zwischen einer lutherischen Landeskirche und einer Freikirche in täuferischer Tradition? Was gibt es zu entdecken und welche spezifische gemeinsame Zukunftsaufgabe gilt es anzunehmen? Und wie kann es generell – also über die Nutzung markanter historischer Symboldaten wie 2025 und 2030 hinaus – gelingen, dass eine zahlenmäßig große Kirche und eine kleine Kirche innerhalb der christlichen Glaubensfamilie in einer Region wie Bayern Beziehungen gestalten? Was ist dazu nötig? Vier Vorschläge:

---

[3] Vgl. Lutherischer Weltbund und die Mennonitische Weltkonferenz (Hrsg.): Heilung der Erinnerungen. Die Bedeutung der lutherisch-mennonitischen Versöhnung. Leipzig 2017.

1. Geschichtsbewusstsein stärken: Es gehört zu den Grundsätzen des Modells „Heilung der Erinnerungen", die gemeinsame Geschichte auch gemeinsam zu erzählen. Dazu muss man sie kennen, und das bedeutet zumeist, dass man sie kennenlernen muss. Dazu gehört nicht zuletzt die Begegnung von Menschen mit ihrem jeweiligen konfessionsgeschichtlichen Hintergrund.

2. Realitätsbewusstsein stärken: Zwar sind die Mennoniten in Bayern eine kleine Kirche, doch dies relativiert sich in anderen Regionen der Welt und auch dann, wenn man sich auf die Ortsebene begibt. Zudem steht auch landeskirchlichen Christ:innen vor Augen, dass sich der Anteil der Kirchenmitglieder an der Bevölkerung rasant vermindert. Die Realität ist, dass Menschen, die das Evangelium von Jesus Christus in Wort und Tat in der Gesellschaft bezeugen, zu einer „kleinen Herde" gehören. Sie brauchen einander, um dem Auftrag Jesu gerecht zu werden.

3. Regionale Wahrnehmung stärken: Nicht (nur) die Kirchenleitungen sind gefragt, sondern überall, wo täuferische und andere reformatorische Traditionen aufeinandertreffen, gilt es, Kontakte zu knüpfen, miteinander ins Gespräch zu kommen, miteinander und füreinander zu beten, und die 2010 erfolgte Versöhnung zu leben.

4. Multilaterale Ökumene stärken: Gemeinsam sind Lutheraner:innen und Mennonit:innen Teil der größeren Wirklichkeit der Kirche Jesu Christi. Diese

Gemeinschaft und die Einheit in Jesus Christus zu suchen, ist ihre gemeinsame Aufgabe und Berufung zur Ehre Gottes, des Vaters, des Sohnes und des Heiligen Geistes.[4]

---

[4] Vgl. Basisformel des Ökumenischen Rates der Kirchen: „Der Ökumenische Rat der Kirchen ist eine Gemeinschaft von Kirchen, die den Herrn Jesus Christus gemäß der Heiligen Schrift als Gott und Heiland bekennen und darum gemeinsam zu erfüllen trachten, wozu sie berufen sind, zur Ehre Gottes, des Vaters, des Sohnes und des Heiligen Geistes."

ZU DEN AUTORINNEN UND AUTOREN

Rainer W. Burkart: Theologe. Er ist Pastor in den Mennonitengemeinden Enkenbach und Neudorferhof sowie Vertreter der Mennoniten in der ACK-Südwest. Von 1996 bis 2018 war er in verschiedenen Funktionen im Rahmen der Mennonitischen Weltkonferenz tätig, von 2009 bis 2018 im Exekutivkomitee.

Stefan Dieter: Oberstudiendirektor und Schulleiter des Carl-von-Linde-Gymnasiums Kempten; Fächer: Evangelische Religionslehre, Geschichte und Deutsch. In seiner Promotion über die Urkunden der Stadt Kaufbeuren 1501 bis 1551 beschäftigte er sich u. a. mit der täuferischen und schwenckfeldischen Gemeindebildung im Kaufbeuren des 16. Jahrhunderts. Er ist ehrenamtlich Schriftleiter der „Kaufbeurer Schriftenreihe".

Nicole Grochowina: habilitierte Historikerin, evangelische Ordensfrau. Sie ist Privatdozentin an der Friedrich-Alexander-Universität Nürnberg/Erlangen in der Geschichte der Frühen Neuzeit und der Neueren Kirchengeschichte II. Ihre Forschungsschwerpunkte sind: „radikale Reformation", täuferische Martyrologien, Geschlechtergeschichte, ökumenische Ordenstheologie.

Hermann Hage: Historiker mit amisch-mennonitischen Vorfahren. Er absolvierte ein berufsbegleitendes Promotionsstudium und war Leiter des Amtes für Weiterbildung sowie Stadtrat und Referent für Bildung der Stadt Regensburg.

Lutz Heidebrecht: Theologe. Er ist Pastor der Mennonitengemeinde Ingolstadt, Vorsitzender der Vereinigung Bayerischer Mennonitengemeinden und verfügt über eine langjährige ökumenische Erfahrung in der ACK Baden-Württemberg und Bayern.

Herbert Holly: Experte für amische Mennonitenfamilien. Seine Archivfunde möchte er interessierten Leserinnen und Lesern mit Artikeln zugänglich machen.

Kurt Kerber: Theologe. Er ist theologischer Mitarbeiter im Verband deutscher Mennonitengemeinden in Sinsheim/Elsenz.

Christoph Landes: Mitarbeiter in verschiedenen Mennonitischen Werken. Er hat eine Beratungspraxis für Coaching, Therapie und Supervision in Manching bei Ingolstadt.

Michael Martin: Mitglied des Landeskirchenrates der Evang.-Luth. Kirche in Bayern, Leiter der Abteilung „Ökumene und Kirchliches Leben". In den 1990er Jahre war er im Rahmen der Versöhnung zwischen

Mennoniten und Lutheranern als lutherischer Pfarrer ausgeliehen an die Mennonitengemeinde in München und dort theologischer Mitarbeiter.

Jonathan Reinert: evangelischer Theologe. Er ist seit 2022 Professor für Kirchengeschichte, Methodismus und Ökumenik an der Theologischen Hochschule Reutlingen; Geschäftsführer des Evangelischen Bundes in Württemberg.

John D. Roth: Historiker. Er war langjähriger Professor für Geschichte am Goshen-College, Indiana, USA, und Herausgeber der Mennonite Quarterly Review; seit kurzem Direktor des Projekts „Anabaptism at 500".

Astrid von Schlachta: habilitierte Historikerin. Sie ist Privatdozentin an den Universitäten Regensburg und Hamburg, Leiterin der Mennonitischen Forschungsstelle sowie wissenschaftliche Mitarbeiterin an der Arbeitsstelle Theologie der Friedenskirchen, Universität Hamburg.

Maria Stettner: Kirchenrätin, evangelisch-lutherische Pfarrerin. Sie ist Referentin für Ökumene und Interreligiösen Dialog im Landeskirchenamt der Evangelisch-Lutherischen Kirche in Bayern, und engagiert sich für bilaterale und multilaterale ökumenische Beziehungen.

Fernando Enns (Hrsg.)
**Die Taufe und die
Eingliederung in die Kirche**
Lutherisch/mennonitisch/
römisch-katholische trilaterale
Gespräche 2012–2017

164 Seiten | Paperback
15,5 x 23 cm
ISBN 978-3-374-07091-6
EUR 19,00 [D]

eISBN (PDF) 978-3-374-07118-0

Das Verständnis und die Praxis der Taufe werden zwischen Kirchen der täuferischen Tradition und jenen, die Kinder taufen, als kirchentrennend bewertet. Dieser trilaterale Dialog zwischen den lutherischen, mennonitischen und römisch-katholischen Kirchen auf internationaler Ebene ergab sich aus früheren Schritten der Heilung von Erinnerungen hin zur Versöhnung. In drei Abschnitten vertieft der Bericht die Taufe (1) in Bezug auf Sünde und Gnade, (2) als Vermittlung von Glauben, (3) in Bezug auf die Nachfolge Jesu. Das Format eines trilateralen Dialogs zeigt hierbei eine einzigartige Dynamik, da Differenzen stets in der Gegenwart eines Dritten verhandelt werden. Praktische Empfehlungen für zukünftige Schritte werden gemeinsam formuliert.

EVANGELISCHE VERLAGSANSTALT
Leipzig www.eva-leipzig.de

Fernando Enns
Susan Durber (Hrsg.)

Gemeinsam unterwegs

Auf dem Ökumenischen Pilgerweg der Gerechtigkeit und des Friedens

Beihefte zur Ökumenischen Rundschau (BÖR) | 123

224 Seiten | Paperback
14,5 x 21,5 cm
ISBN 978-3-374-06184-6
EUR 32,00 [D]

eISBN (PDF) 978-3-374-06185-3

Was bedeutet es für Christen und Christinnen aus den unterschiedlichsten Teilen der Welt, Nachfolge Jesu als einen Pilgerweg in Gottes Reich der Gerechtigkeit und des Friedens zu verstehen?
Dieser spannende und inspirierende Band wurde von der theologischen Studienkommission des Ökumenischen Rates der Kirchen zum »Pilgerweg der Gerechtigkeit und des Friedens« entwickelt. Er bietet einen Einblick in die spirituellen, sozialen und theologischen Dimensionen dieser globalen ökumenischen Initiative und ihrer Relevanz in verschiedenen Kontexten. Die dreizehn Beiträge werden durch persönliche Geschichten der Autoren und Autorinnen bereichert.

EVANGELISCHE VERLAGSANSTALT
Leipzig   www.eva-leipzig.de

Tel +49 (0) 341/ 7 11 41 -44   shop@eva-leipzig.de

Fernando Enns
Gerechten Frieden predigen
»... und richte unsere Füße auf den Weg des Friedens«

180 Seiten | Paperback
12 x 19 cm
ISBN 978-3-374-06178-5
EUR 18,00 [D]

eISBN (PDF) 978-3-374-06179-2

Fernando Enns gelingt es in seinen Predigten, die Tiefe der biblischen Texte intensiv auszuleuchten und sie gleichzeitig für aktuelle Fragen und Themenkreise fruchtbar zu machen. Dabei schreckt er auch nicht vor schwierigen Texten zurück, die z. B. vom Gericht Gottes sprechen.
Eine große Bandbreite von Themen ist in diesem Predigtband zu finden: von der Versöhnung, von Konflikten, dem Zusammenhang von Frieden und Gerechtigkeit, der Mission, der Rolle der Religionen für den Frieden, Gewalt und Gewaltverzicht bis hin zur Flüchtlingsthematik. So liest sich dieser Predigtband auch als eine Ermutigung, auf dem ›Pilgerweg der Gerechtigkeit und des Friedens‹, den der Ökumenische Rat der Kirchen ausgerufen hat.

EVANGELISCHE VERLAGSANSTALT
Leipzig   www.eva-leipzig.de

Christian Elmo Wolff

Die theologische Entwicklung Bernhard Rothmanns

Ein Beitrag zur Reformationsgeschichte Münsters

Arbeiten zur Kirchen- und Theologiegeschichte (AKThG) | 54

552 Seiten | Hardcover
15,5 x 23 cm
ISBN 978-3-374-06772-5
EUR 98,00 [D]

eISBN (PDF) 978-3-374-06773-2

Bernhard Rothmann brachte die reformatorische Lehre in den 1530er Jahren nach Münster. Diese Stadt blieb jedoch nur kurze Zeit reformatorisch, denn der wachsende Einfluss der Täufer und die Unterstützung dieser Gruppe durch Rothmann führte zur Münsteraner Täuferherrschaft, als deren theologischer Kopf Rothmann fungierte. Die umfassende Analyse seiner wortgewaltigen Schriften und Briefe zeichnet seine theologische Entwicklung nach und belegt sein eigenständiges theologisches Denken. In der Darstellung seines Ringens um die Wahrheit werden seine theologische Schärfe und sein allmählicher theologischer Wandel deutlich. Erstmals werden die verschiedenen Auflagen seiner Schriften ausgewertet und einige neue überraschende Erkenntnisse zu seiner Biographie entdeckt.

EVANGELISCHE VERLAGSANSTALT
Leipzig www.eva-leipzig.de

Tel +49 (0) 341/ 7 11 41 -44   shop@eva-leipzig.de

Zeitfracht Medien GmbH
Ferdinand-Jühlke-Straße 7
99095 Erfurt, Deutschland
produktsicherheit@kolibri360.de

Druck:
CPI Druckdienstleistungen GmbH
im Auftrag der
Zeitfracht Medien GmbH
Ein Unternehmen der Zeitfracht - Gruppe
Ferdinand-Jühlke-Str. 7
99095 Erfurt